成长的骄傲
与烦恼

《环球人物》杂志社　主编

民主与建设出版社
·北京·

© 民主与建设出版社，2018

图书在版编目（CIP）数据

成长的骄傲与烦恼 /《环球人物》杂志社主编. — 北京：民主与建设出版社，2018.10
ISBN 978-7-5139-2328-6

Ⅰ. ①成… Ⅱ. ①环… Ⅲ. ①名人－访问记－中国－现代 Ⅳ. ①K820.7

中国版本图书馆CIP数据核字（2018）第234318号

成长的骄傲与烦恼
CHENGZHANGDE JIAOAO YU FANNAO

出 版 人 李声笑
编 者 《环球人物》杂志社
责任编辑 刘树民
出版发行 民主与建设出版社有限责任公司
电 话 （010）59417747 59419778
社 址 北京市海淀区西三环中路 10 号望海楼 E 座 7 层
邮 编 100142
印 刷 三河市金元印装有限公司
版 次 2019 年 1 月第 1 版
印 次 2019 年 1 月第 1 次印刷
开 本 710mm×1000mm 1/16
印 张 17.25
字 数 250 千字
书 号 ISBN 978-7-5139-2328-6
定 价 45.00 元

注：如有印、装质量问题，请与出版社联系。

前　言

以人物记录时代，这是《环球人物》一直秉持的办刊理念。

这个时代的文艺界，无疑会给这个时代留下一些印记。

翻阅本书，就像是跟随当初采访艺人的记者，重返那一个个现场，重新遇见王源、李易峰、刘若英、宋慧乔、孙燕姿……仿佛就坐在他们的面前，听其娓娓道来。

尽管这35位明星，经历不一，讲述各异，但我们却听到了一曲共同的旋律：成长。少年王源的骄傲与烦恼是成长；张一山的"青春"是成长；岳云鹏时刻跟自己说"别嘚瑟"是成长；吴君如的人生半百重新出发，也是成长。

成长是人生的必经之路。岁月前行中，人人都被成长中的经历磨砺着，在它前面纠结、努力、放弃，各自奔向不同的人生。"伟大的人不是生下来就伟大的，而是在成长过程中显示其伟大的。"

不曲折怎让人烦恼，不成长怎让人骄傲。请把这些成长的故事，一篇一篇读给自己听……

然后，跟岁月一起成长！

也许有一天，你也能站在最光亮的地方，活成他们的模样。

编　者

2018 年 12 月 7 日

目　录

孙俪：女人的格局

孙俪，影视演员，1982年出生于上海。2003年凭借电视剧《玉观音》一举成名，代表作有《幸福像花儿一样》《上海滩》《甄嬛传》《芈月传》等，主演电影《恶棍天使》《影》。

当《芈月传》热播不久，主演孙俪在片中的各种瞬间表情被网友截图，做成表情包传播，或愤怒咆哮，或喜形于色，有些夸张，甚至扭曲、变形，对于一个女演员来说，无增其美丽和优雅。《环球人物》记者问她介不介意这样被观众消费，她说："本来颜值就不高，不靠这个，不介意。"

"以色事人，能得几时好？"《甄嬛传》里的这句台词，似乎也代表着孙俪的态度。对于自己的相貌，孙俪说："我原来觉得自己还不错，入了行之后发现美女如云，自己实在算不上出众，但也没有那么不堪，就是属于中不溜儿。"她看起来足够爱惜自己，脱掉大衣后，赶紧让助理找来一块毛巾，把脖子围了起来，说："我老怕脖子受寒，脖子实在是太细了。"

孙俪说自己骨子里是一个典型的上海女人，对很多事情都比较讲究。采访她是在上海新天地的某家酒店里，进屋她很敏感："这灯光不舒服，像是在照犯人一样。"屋里有张折角的小沙发，《环球人物》记者坐在一边，她没有选择更便于沟通的另一边，而是找了张小靠背椅，隔着一张冷冷的玻璃桌子，与记者遥遥相对，说："我坐这里可以吗？"

另立一座高山

一部清宫女人戏《甄嬛传》创造了经典，时年30岁的孙俪被认为走到了个人事业的巅峰。对此，孙俪的回答是：我要在高山的旁边再立一座高山。"如果以30岁为节点，你可能认为那是一个高潮，但如果80岁的时候往回看，那只不过是人生过程中的一站而已。"孙俪对《环球人物》记者说道，显得信心十足、踌躇满志。

她所说的另一座"高山"就是后来热播的《芈月传》。这部"史诗大剧"气势如虹，比《甄嬛传》投资更大，81集的体量，前两集就在网络上创下2亿多的点击量。随之而来的，是无数话题。

这两部剧共同的导演郑晓龙对《环球人物》记者说，《甄嬛传》是一个后宫女人的故事，而《芈月传》讲的却是一个女人成长为政治家的苦难历程。他把芈月比作英国的伊丽莎白一世，她的身影背后是一出宏大的历史传奇——超越前作的信心，溢于言表。

《芈月传》从主人公出生拍到70多岁。角色的年龄跨度大，剧中设置的感情线也颇为复杂，让她一生周旋于春申君、秦惠文王、义渠王三个男人之间。年少时，芈月和楚公子黄歇——也就是后来的春申君青梅竹马，两情相悦，后来被生生拆散，芈月做了楚国嫡公主的陪嫁，来到秦国，获得秦惠文王嬴驷的欣赏和宠爱，成为宠妃并诞下一子。秦惠文王去世后，芈月母子被发配到遥远的燕国，后来她与边陲少数民族头领义渠王发生一段情缘。各种机缘之下，又返回秦国，子为秦王，她为太后，实现人生的大逆袭。

　　"芈月不屑宫斗，她是心怀天下的。"孙俪如是说。拍摄这部戏，郑晓龙和孙俪一开始就达成默契，从台词到表演，方方面面都要"去甄嬛化"。为了演好这个角色，孙俪花了三四个月的时间做准备。朋友帮忙请来一位复旦大学的历史老师，为她讲述一系列"私人订制"的课程。读剧本时，孙俪记下每一个稀奇古怪的问题，然后发微信给老师，老师再集中给她解惑答疑。

　　"《芈月传》的台词比《甄嬛传》更难记，很多都是古文。有一段台词，我一眼望去都是成语，数了数有18个。很多字词的用法，都和现在不一样。很多习惯也和现在不一样，比如现在的地图是上北下南，那个时候就是上南下北。"

　　在关于《甄嬛传》的报道中，孙俪背台词的细节经常被媒体提及：她把50本剧本分门别类，用不同颜色的笔做标注，清纯阶段的甄嬛标白色、热恋时期标粉色、腹黑时期标深色……还做了各种不同的小图章，区分不同的情绪、重场戏与过场戏等。

经过了《甄嬛传》庞大、饶舌的台词"洗礼"，演《芈月传》时孙俪多了一份自信和底气。不过对于此中细节孙俪却不愿再过多地描述："台词是最基本的，如果在现场我的台词影响了表演，那我就觉得自己太不专业了。"

但她还是对记者说："芈月是我表演生涯中难度最大和最过瘾的角色。我不知道自己是怎么度过那5个月的。"她记得在奔赴剧组时，女儿小花才4个多月大。那天她告别一双儿女，家人送她从上海去北京，过程中没有人敢说"再见"。从热闹温馨的家里来到清冷的坝上草原，在暗黑的旅馆，她打开电视只看到满屏的雪花，洗澡的热水只能维持十来分钟。房间对着楼梯口，听着上上下下往来的人声，她明白接下来将面对一段艰难的日子。"家里的孩子也不管，不知道自己的选择对不对。"

但她是个行动派，没有时间多愁善感。《芈月传》中，她要从花季少女演到垂暮之年，还要演出一个女政治家的强大气场，人物情绪大起大落，对身体消耗极大。有一场大殿训斥的戏，在一个广场上面对几千士兵，要让所有人都听到她的声音，拍完一遍已经很累了，拍了三四遍，整个人都虚脱了。孙俪形容自己，"每天眼睛肿得像桃子，脸肿得像包子一样"。

"拍的时候大家还挺担心我生病的，因为我一倒下剧组就得停机。"但身形娇小的她在强大的压力面前挺住了，不过拍完之后大病一场。导演郑晓龙对《环球人物》杂志记者说："孙俪是用生命在演戏，她把自己的生命融入了这个角色，表演上了几层楼。"

内心藏着一股劲

孙俪第一部正式出演的电视剧是海岩写的《玉观音》，当时她才20岁。她扮演的女主角安心有不少哭戏，某一场戏却怎么都哭不出来。全剧组的人都在等着，这可把她急坏了，她对导演说："我能打个电话给我妈吗？"导演说："你以为你妈就能帮得上你吗？"就是这一句，孙俪委屈地掉下了眼泪，终于完成这一幕。

多年后，在《甄嬛传》的拍摄现场，拍甄嬛的恋人果郡王去世的那场戏。对于饰演果郡王侧福晋浣碧的新人演员来说，这是场重头戏。丈夫死去，是为别的女人而死，她悲痛、绝望而至自尽。但在压力之下，她却紧张到怎么也哭不出来。全组的人等着她，场面就这样僵持着。这时候孙俪悄悄对导演说："导演，你去帮她一下。"导演郑晓龙过去拍了拍小姑娘的肩膀，说："没事，我们等你。"她的眼泪一下子就涌出来了。

"演员有时候很无助，有时候你特别想演好一场戏，但是外界的环境并不是你想象的那样，各种复杂的现场，让你的情绪不能够到位。我也是这样过来的，没有情绪的时候，特别希望导演来拍拍肩膀，对我说句话。"

"如今你的表演已经很娴熟了，哭戏对你来说是小事一桩了吧？"《环球人物》记者问道。"还是很难。我身边的朋友经常很好奇，看我平时也不怎么哭，怎么在戏里那么能哭。其实我也不是像自来水龙头那样的，一定是要情节打动我才行。情绪出不来或者不到位的情形，还是经常会有的。"孙俪这样说道。

孙俪并非出身于演艺之家，也不是表演科班出身。她出生于上海一个寻常的弄堂，12 岁时父母离异。有一阵子，孙俪跟着妈妈住在筒子楼一个 10 平方米的小屋里，生活清苦。母亲把全部期望寄托在女儿身上，白天在商场当售货员，下班做兼职，含辛茹苦地抚养女儿长大。

除了正常的学习，母亲还着力培养她舞蹈方面的特长。15 岁时，孙俪考上了上海警备区文工团当文艺兵。2000 年，她退伍后被分配到一家餐厅当服务员，但那家位于上海四川路上的餐厅，孙俪一次也没有去过，因为那儿离她的理想太远了。

那时候，摆在她面前的路似乎很宽广，但又处处渺茫。退伍后的半年里，她四处走穴，接演出、拍广告，还参加了新加坡的一个选秀比赛，获得了亚军。不久被海润公司演艺部看中，成为签约艺人。"那时根本没想着当明星，只庆幸终于不再是'待业青年'。"

如果让她选一部职业生涯的里程碑之作，孙俪的答案永远是 2003 年播出的《玉观音》。"我原先只是一名舞者，没有这部戏就没有我的今天。"在这部海岩剧里，孙俪饰演的女主角安心气质文弱、眼神忧郁，不是咄咄逼人的美艳，但有着脱俗的清秀和神秘的气质。安心身上背负着巨大的痛苦，刚满 20 岁的孙俪赋予了她宿命般的悲剧气息。如同电视剧中男主角对她一见钟情一样，这位刚出道的女演员也一下子抓住了观众的心。

之后，孙俪的几部戏如《血色浪漫》《幸福像花儿一样》《甜蜜蜜》《小姨多鹤》等，都称得上是制作精良的电视剧。得以和海岩、滕文骥、高希希、严歌苓等优秀创作者合作，孙俪从来不讳言自己的幸运。"好多演员都在上戏、北电、中戏等学校经过 4 年的专业训练，但我的经验是在一部部戏里积累起来的。我一直告诉自己只有比别人花更多的时间和精力，才能做得比别人更好。所以我珍惜每一个角色。"

当年为了拍摄《玉观音》，孙俪准备了半年时间，去云南体验生活，还学了射击、跆拳道等技能。如今，影视创作的速度似乎越来越快，而孙俪宁愿保持自己的节奏。她接戏谨慎而挑剔，《甄嬛传》大火之后，她近两年没有新戏播出。"如果有一个本子真的非常好，整个剧组齐心协力地想把它打造成一个特别好的东西，将它打磨个两三年，那我非常愿意投入时间。但这样的剧组现在几乎为零。"

曾经一起合作过《辣妈正传》的演员张译曾说，孙俪好像黄酒，入口柔，后劲儿大。这个看起来娇小柔弱的女子内心藏着一股劲。在《甄嬛传》里，一堆深宫中的女人们互相斗来斗去，至死方休，记者问孙俪自己，她说："我不喜欢斗，钩心斗角的，女人容易老。"但她喜欢和自己较劲，郑晓龙说她遇强则强，不会轻易服输，多大的压力放到她面前，她总是自行消化掉。

"演多了苦大仇深的角色，想演些轻松的戏。"孙俪说。《恶棍天使》是她和丈夫邓超一起主演的喜剧电影，她打破自己一贯的形象，做出了颠覆性的尝试，"能让别人发自内心地笑，那是一种能力。"

把生活掌控在自己手里

孙俪是一个单亲家庭成长起来的孩子，曾经是一个坚决的不婚主义者。但在该结婚生子的年龄，她一点儿也没有耽误，如今已是儿女成双，和丈夫邓超两人事业红火。《环球人物》记者问她，是什么时候观念一下子发生这么大的变化。她说："在你看来是一下子，其实中间经历了很多，人的想法是在不断变化的。"

在孙俪看来，婚姻稳定的基石，是两个人之间的互相包容。"不必强调完美，我自己也不完美。我不会要求邓超去给孩子洗奶瓶、去给孩子喂饭，他生来就不是这样性格的人。另外，女人天生敏感，男人很多时候想问题的方法粗鲁直白，所以你不能要求一个男人的心思跟女人一样细腻，这对他来说不公平。"

《芈月传》里，孙俪成功演绎了一个游走在权力与欲望之巅的女人。在危机重重、牵一发而动全身的险恶环境中，女人究竟何以自处、究竟能够走多远？孙俪在作品中表现得很极致，呈现了大格局、大气象；而在现实中，她看起来并不想给自己谋划一个鸿篇巨制，只打算绘制一幅小情小致的精微蓝图。

如果说她有什么野心，那就是对表演事业，"我现在得到的，已经足够多了，真的已经很满足。我觉得这一辈子把表演这件事干好，就已经很了不起了。"如今娱乐圈的明星都追求多栖发展，邓超就是一个典型。当导演、当演员、制作综艺节目《奔跑吧兄弟》……"他现在已经50多个小时没睡觉了，真的很辛苦。"孙俪有些心疼。相较而言，她的发展很单一。将接戏的速度放慢，将生活的脚步放缓，她要慢慢欣赏沿途的风景。

"有人说我接戏很挑，我确实是一个比较挑剔的人，因为我对自己有要求，在工作和生活上都是如此。"她既享受着明星的光环，又享受着日常生活；既讲究人生的格局，又看中生活的格调。

她偏爱"绿色而有机"的生活，作息规律，多晒太阳，像一株植物一样，尽情享受阳光雨露。她种了鸡毛菜和茼蒿，享受着种子从土壤里面冒出来、长得青绿而茂盛的快乐。她和小动物有缘，家里收留了很多流浪的小动物。她不节食，但非常喜欢有氧运动，用这种方式在产后迅速恢复体型，保持着纤瘦的身材。

没事的时候，她还喜欢读点佛经，她记得《金刚经》里的训诫：无我相，无人相，无众生相，无寿者相。时时提醒自己把一些事情看淡，因为痛苦的根源来自于执念，压力也是来自于欲望。

她说自己是一个很传统的人，天黑就要回家，日出而作日落而息。"我是一个女儿、妻子、母亲，我要还原生活本来的颜色。"为家庭投入时间，放弃一些事业上的机会，孙俪从来不用"牺牲"这样的字眼，"一切对我来说，都是服从自己内心的选择。"

孩子带给她的快乐无法言传，"一个笑容，就会让你觉得整个世界都很灿烂。"就像她的一面镜子，"有时候儿子一个表情，我就能联想到自己小时候，如果同样遇到这件事情，我的想法肯定和他一模一样。"

一切都显得并行不悖，这是现实中的孙俪给自己定下的格局，也彰显着她对人生的掌控力。"只有在经历得多、感受得多之后，你才能把自己更丰富地表达出来，成长和演技是在同一个范畴里的两件事情。"

对话孙俪："我不想成为甄嬛和芈月"

《环球人物》：郑晓龙导演说《芈月传》想表现一个女人不靠美色和诡计，照样能走向成功的故事。在你看来，她靠的是什么？

孙俪：人格魅力。每一个成功的人除了机遇和能力，一定有自己的人格魅力。但是我觉得"不靠美色"得打问号。如果说她没有姿色，也不会有那么多男人喜欢她，接近她。不能说完全不靠，一定是有颜值这个成分在里面。

《环球人物》：具体来说，是什么样的人格魅力？

孙俪：她从小就是一个不受待见、没有地位的公主，但很多事情有两面性，虽然她的成长环境不好，特别苦，但养成了一种倔强的性格，很洒脱、不拘小节，这种独特的性格，使她在人群里看起来与众不同。

《环球人物》：芈月的年龄跨度挺大，你怎么把握主人公每个年龄段的特点？

孙俪：演的时候，每场戏都有不同的表达方式、情绪和感受。年轻的时候她有一些假小子气，后来在朝堂，她有一股男人般的英气。我想这样的气质并不是凭空就来的，一定是深埋在她骨子里的，所以在表演的时候，我会尝试把她性格中存在的一部分渗透到她从小到大的生长过程中，尽量做到让观众看起来不突兀。

《环球人物》：你怎样看待芈月一生中的三段感情？

孙俪：这三段感情塑造了最终的芈月。她之所以能走向成功，和她身边的人有很大关系，不光是这三段情感的对象，还有张仪、屈子等，都是很厉害的人物。

所谓近朱者赤近墨者黑，交友不慎会误及一生；相反，身边有着一群见解独到的人，久而久之，你自然而然也变成了那样的人。

《环球人物》：历史上的芈月更像一个"麻辣太后"，现在有观众质疑电视剧里的芈月过于"白莲花"。

孙俪：我也听到这样的声音，觉得我把芈月演得太单纯了，但剧情往下走芈月身上会呈现更复杂的性格。另外，我觉得媒体不该用"白莲花""玛丽苏"这样的标签，会给人不好的引导。如果人物都可以那么简单地归类的话，那演员还演她们干什么呢？

《环球人物》：在你看来，甄嬛和芈月这两个女人有什么区别？

孙俪：甄嬛一开始就是个很柔美的女生，但芈月有着男孩的性格。甄嬛更像是一个公司的部门经理，因为她只管后宫，不管前朝。但芈月更像是一个公司的CEO，她的格局更大了，眼界也更开阔了，一定不会去管今天谁打卡迟到了几分钟，谁没把洗手间打扫干净这些事情。整个国家的命运发展，才是她关心的事情。

《环球人物》：现实之中你想做这样的掌控者吗？

孙俪：没有给我这样的机会，最多也就是家里的几个保姆归我管，仅此而已。

《环球人物》：那你想有这样的机会吗？

孙俪：我不想，我觉得世界上最难的事情就是管人，因为人心太善变了。我只想把生活掌控在自己手里。

《**环球人物**》：你演绎的甄嬛和芈月，都把女人的路走到了极致。

孙俪：那是命运交给她们的，我更相信命运的选择。人总是拗不过天命，都是老天帮你在选择，你只有顺从着走下去。这样说起来似乎有些悲观，但我认为是这样。

《**环球人物**》：生活中你是否追求极致？

孙俪：我不会对超出自己能力范围的事情做过多的假设和期待，这样会让我变得很不开心。拼命往上够，会让自己活在一个尴尬的境地。我不给自己太多的欲望和诉求，我现在才30多岁，给自己那么大的压力干吗，生活正是美好的时候。（文／赵晓兰）

杨幂，人生有两个剧本

杨幂，1986年出生于北京，毕业于北京电影学院，曾主演电视剧《神雕侠侣》《红楼梦》《三生三世十里桃花》，电影《小时代》《分手大师》等。

杨幂是处女座，而且是典型的处女座——有点强迫症，有点完美主义，对任何事情保持怀疑和戒备。从走进采访间到开始与《环球人物》记者对话，她一共问了3遍："你们的镜头不会拍到脚吧？"直到得到了摄影师的3个"不会"，她才安心地脱下高跟鞋，换上拖鞋，拿毯子盖住膝盖，说："开始吧。"

如今当红的几位处女座女星，诸如范冰冰、蔡依林等，大多有如下几个共性：起步并不顺遂，走红颇具争议，劳模精神有口皆碑。杨幂同样如此，她回忆2011年前后连拍22部影视剧，直感叹："我是从一无所有的小艺人走到今天的，所以格外不愿放弃每个机会，绝不能没有工作。"

我也想做实力派

之前，杨幂和黄晓明一起宣传电影《何以笙箫默》。这部电影虽有最豪华的演员阵容，却仍被各方影评口诛笔伐，冠以"年度烂片"称号。因此每次通告，两位主演总免不了被问到演技差评的问题。

二人都像勇士一样直面了血淋淋的提问，但在回答上显示出不同的处世态度。黄晓明一如既往地奉行低姿态哲学，谦虚承认"没演技，但会一直努力"；杨幂则直来直往："我演的时候都知道问题在哪儿，但是我没有什么选择。好多人说，你为什么不像某某某一样选一部那样的戏。我也想做实力派，可没有那样的戏找我呀！"

所以，当电影《我是证人》的剧本找上她时，她兴奋极了。这部电影由韩国导演尚安勋执导，改编自韩国电影《盲证》，讲述了一起谋杀案的两位目击证人——一个正常人、一个盲人联合追击凶手的悬疑故事。杨幂饰演盲女路小星，她对《环球人物》记者说："我没有演过盲人，所以很紧张，前期做了很多准备，包括去盲人体验馆，去盲人家里跟他们一起生活。"

2015年3月，春节刚过，杨幂就住到了天津宝坻的《我是证人》剧组。拍摄地偏远，连超市都很难见到。她夜戏多，常常得工作到早上六七点。收工后吃根油条，喝碗豆腐脑，睡到下午继续开工。剧组是韩国团队，周围人说什么都跟她没关系。"平时别人在那儿喊补妆、打光，会把演员从角色里拉回来。但我听不懂他们说话，就可以不用管其他的，尽管演就好了。"印象最深的是和朱亚文对戏。一场两人扭打的戏，杨幂做足了情绪，开机后发现朱亚文比她还卖命，"他掐你，是真的想掐死你。"结果一场戏下来，杨幂体无完肤。

没有多余的工作和飞行，长时间心无旁骛地沉浸在角色里，对杨幂来说，是一种久违的美好。上一次遇见相似的时光，还是 7 年前，在李少红导演的电视剧《红楼梦》里扮演晴雯，那时她已经是出道 18 年的"老演员"了。她 4 岁出演电视剧《唐明皇》，16 岁签给知名经纪人李小婉，之后考上北京电影学院，参演《神雕侠侣》《王昭君》等，在演技上颇为自信。"但是一进组，就被少红导演批评，说我表演太制式化，骨子里就不对。"

杨幂用崩溃形容那段日子，"拍一条批一条，感觉自己不会演戏了"。李少红禁止她看 87 版《红楼梦》，"命令"她看古书、找感觉；一句台词演上十几遍，演不下去了就躺一边睡一小时再来。每天被骂到狗血淋头，直到脱胎换骨。

最后一场戏，是"晴雯病补雀金裘"，杨幂把晴雯的不甘、悲愤演绎得淋漓尽致。哭着拍完后，杨幂战战兢兢地去问导演是否能用，只见李少红抹了抹眼泪，说："你看，你想做好还是能做好的。"

2010 年，《红楼梦》播出，一片质疑，唯有杨幂的晴雯受到好评。一次，李少红和杨幂聊天，回忆起拍摄点滴，她对杨幂说："晴雯那段是唯一让我哭的一场戏，如果你没演好，我会恨你一辈子。"杨幂方知那时的爱之深，责之切。

一年后，杨幂凭借穿越剧《宫锁心玉》走红，却再也没遇到那般醍醐灌顶的时刻。

只怪自己不够强大

《宫锁心玉》大概是近 10 年来最成功的造星偶像剧了，杨幂、冯绍峰、佟丽娅，都靠着这部戏熬出了头——在这之前，他们都还只是打拼多年的二线明星。电视剧少女漫画式的剧情吸引了大批"90后""00后"，收视率打破纪录。杨幂因此成为当年人气最高的演员，作品产量井喷，一年内接了 11 部电视剧和 11 部电影。

高强度工作总是以牺牲质量为代价。《宫锁心玉》之后，杨幂人气扶摇直上，口碑却急转直下，但凡有烂片排名，绝少不了她的名字。她却解释说，这是因为"害怕"："演员行业现实的地方在于，如果你没有曝光，做任何努力别人都看不到，因为别人对你不感兴趣。"

另一个什么都接的原因，是杨幂受够了等待的日子。2006 年，她在张纪中版《神雕侠侣》中扮演郭襄，大冬天常常在山上裹着棉衣等戏等到发抖，结果等了一天被告知不用拍了，只能回去。有段时间没戏拍，好不容易签了一部戏约，进组了才知道自己被换掉了。"当时很沮丧，因为一个合约背后是整个团队的努力，我怕伤害我的团队。最后想明白，只怪自己不够强大。"

于是，杨幂刚刚爆红那几年，娱乐圈每个人都听过关于她绝对守时、无比敬业的故事。零下十几度要拍下水的戏，拍！湖水结冰了，砸了拍！发烧 40 度，打半瓶点滴跑回剧组继续拍！连何炅这样的劳模，在杨幂面前都自惭形秽，称她已经到了"令人发指"的地步。

生理上的强大是基本，内心的无畏才是生存的关键。杨幂"招黑"

是出了名的，偏偏她又是个爱自黑的北京姑娘，最出名的语录就是"黑到深处自然粉"。她上天涯论坛做访谈，被人揶揄："杨幂，你演一部戏我就骂一部，你一直演我一直骂。"她无所谓，回说："我要是你，就坚持一辈子。"临了不忘再回敬一句，"这世上没有无缘无故的恨，你大概还是爱我的"。访谈结束，素日张牙舞爪的网友全都被折服。自黑，就是杨幂所向披靡的武器。

也许是因为自小在片场成长，杨幂深知娱乐圈现实的一面。她的偶像是周迅、玛丽昂·歌迪亚那样有着强大表演野心的人，但她却从不以她们为榜样，她深切知道要把时间、资源最优化地配置，她说："不是我的，我不会去要；但放在眼前的，我必须做好。就像游戏要打通关，我就是有这种偏执。"

喜欢《甜蜜蜜》那样的爱

问及杨幂的爱情观，她给出了两个答案。一个是戏里的，一个是现实的。

"我特想在戏里好好谈恋爱，那种非常极端的感情，"她说，"极端不一定是天崩地裂，可能只是一些小小的眼神，微妙的感觉。我喜欢电影《甜蜜蜜》中那样缓缓地、怅然的爱，自己也想试一试。"

然而在现实生活里，杨幂的爱情却是极端务实的。2014年，她以闪电速度与演员刘恺威结婚、生女，又以闪电速度复出、拍戏。当她露着铅笔一样细直的双腿走出医院，门口背着长枪短炮，已经准备好"杨幂生女发胖"标题的记者们纷纷落了空:"这是刚生完 3 天的样子吗? !"

刘恺威第一次见到杨幂,是在横店的一个饭局。杨幂顶着还没吹干的湿发出席,"一般女孩子出来吃饭,怎么也会收拾一下,她是完全没有,对这女孩就有了印象"。

刘恺威是典型的好好先生:相貌好、家境好,脾气也难得很好。俩人一起上访谈节目,老实巴交的刘恺威把家底聊了个遍,杨幂只得揪着他的衣服不时提醒。

这样实诚的男人适合生活,细水长流替代了许多激情。他们的求婚仪式很简单,刘恺威去剧组探班,把杨幂拉到一边,牵过她的手套上钻戒,说:"戴上了就戴上了,不许拿下来了。"杨幂说:"好。"仅此而已。结婚后,家里一切设计都是刘恺威做主,杨幂只是说"能住进去就好"。朋友提醒她偶尔多点情趣,她说:"又不是在拍戏!"

采访结束时,记者又问出两个关于家庭的问题,却被杨幂四两拨千斤地绕回到作品上去,真是见识到了传说中她高超的情商。娱乐圈 20多年的历练,让她成为同龄女星中最如鱼得水的一位,也让她早早成为世俗价值观中的"人生赢家"。

她说自己非常明白,人生有两个剧本,一个摊在观众面前,一个握在自己手里。(文 / 余驰疆)

张一山，青春有颗易老的心

张一山，1992 年出生于北京，毕业于北京电影学院。2004 年，他在情景喜剧《家有儿女》中饰演"刘星"一角被观众熟知，之后相继出演《寻找成龙》《大熔炉》《杀寇决》《余罪》《七个我》等作品。

当下年轻的男演员大概分两种：一种永远活在杂志里，拍照时气场全开，一演戏就犯"尴尬症"；另一种则是活在戏里，明明是"老司机"，面对相机却怎么摆怎么不自然。前者说的是众人皆知的一批花样"小鲜肉"，后者说的就是张一山。他为《环球人物》拍摄照片，摆的姿势除了插兜就是托腮，标准的 20 世纪 80 年代沙龙照气息。记者问他是不是不喜欢拍照，他说："因为我本性就不是一个想发光的人啊！"

他连说话都有些"老派"。他主演的网剧《余罪》在爱奇艺播出后，两个月内创下 20 亿播放量。这部讲述一名警校"小痞子"潜入毒品团伙做卧底的网剧，让张一山瞬间成为娱乐圈的香饽饽，"实力派""真男神"成为他的新标签。

当《环球人物》记者问他："第二季《余罪》受到了很多争议，连原作者都出来说'质量下降''余罪已死'，你怎么看？"他像是早有预料般，气定神闲地说道："小说在改编成影视作品的时候，如果想让每个人物都立体，都有自己的三观和经历，就必须有非常复杂的合理化和逻辑性说明，可能就会造成偏差。"事实上，诸如"合理化""逻辑性"这样的词在采访过程中不断出现，常常让人觉得：他不是"刘星"，他是年轻版的陈建斌。

出道12年的资深艺人张一山，就这样传递了一个事实——青春有张不老的脸，但青春有颗易老的心。

"我很感性，但我不敞开心扉"

采访的当天早上，微博上最热门的就是张一山在酒吧唱歌的视频。2015年，他和几个朋友在家附近的酒吧小聚，聊到即兴处就被拱上台唱歌。"当时歌单上有好多歌我都不认识，突然看到一首动力火车的《那就这样吧》还行，就唱了。"他唱歌的声音与大众熟悉的稚嫩不同，透着一股不羁、洒脱，深情到许多女"粉丝"称自己"已经单曲循环了整整三天"。

《那就这样吧》是20世纪90年代的歌曲，张一山唱这首歌让不少人觉得"画风不符"。"其实，我不喜欢现在的流行音乐，而是喜欢李宗盛、王杰这样的歌手。小时候，爸妈就听这些人的歌，我跟着听也觉得特喜欢。"他是那种心理年龄永远比实际年龄大几岁的人：12岁被选中主演喜剧片《家有儿女》，在剧组始终记得爸妈教导"要谦虚、有礼貌"；"刘星"一角让他成为炙手可热的小童星，他反而在学校越来越低调，因为知道"嘚瑟会挨揍"；有几年"童星长残"的新闻屡见不鲜，他常常借此提醒自己"一定要做好"，不能让那些看他长大的人指着他说"怎么成这样了"。

这种闷头的思考让周围人觉得张一山是个"冷漠"的人。"接触我的人发现我挺有距离感的，其实我就是不好意思。我内心有很多感性的东西，看一些电影、听一些歌会很受触动，但我不敢开心扉，对我父母也不会推心置腹，而是自己消化、解决。"习惯了他的淡定之后，很多人常常被他突如其来的情绪吓到。《家有儿女》杀青时，全体工作人员聚在一起吃饭，菜还没上，张一山就大哭起来，毫无预兆，情难自制，最后感染到所有人抱头痛哭。

"我很喜欢这种感性，我觉得演员就是个感性的职业。我们现在很少有机会去体验社会，自己思考就变得很重要。"说着，他又颇有些严肃地纠正了记者对他"爱哭"的总结："其实我很少哭，我本身不是一个悲观的人，不会被那些不好的事情所左右。"

没想到他这么能豁得出去

《余罪》火了之后，张一山的采访陡然间多了起来。但他倒没有"终于红了"的幸运感，反而还有些担忧。一次，他对身边工作人员说："《余罪》中还是有很多比较敏感的话题，你们安排那么多宣传好吗？不会出问题吗？"他的心比谁都细。

这种细心让同剧的演员都感到惊讶，戏中饰演他情敌的张雨剑对《环球人物》记者说："我们这一代可以说都是看张一山的戏长大的，总认为他就是刘星那种范儿，所以第一次见面还觉得挺不一样的。"

在戏里，张一山饰演的余罪是个吊儿郎当满嘴浑话的卧底警员，张雨剑的角色则非常成熟、稳重，可到了现实生活中，两个人的性格却调了个个。张雨剑对张一山想法的成熟缜密印象深刻，"他对角色的揣摩，对自己想要的感觉都非常明确。"有一场戏，余罪和大反派傅国生对峙，余罪暴露了身份，现场拍摄时，张一山设计了一个动作：桌子底下，傅国生的脚慢慢伸开，余罪的脚慢慢缩了回去。他对导演说："这样完全就可以体现人物心理、人物之间的关系和强弱对比。"许多类似的灵感不仅让同剧组的年轻演员叹服，导演也对张一山刮目相看。张一山对《环球人物》记者说："其实一开始，导演对我来演余罪还是有些意见的，因为他对我的感觉还停留在刘星那个年龄段，可是戏到了一半，他就非常认可我了，他常说张一山就是余罪。"

另一个让张一山得以自由发挥的原因，是网络剧所给予的宽阔土壤。张一山在《余罪》中最经典的片段之一就是"独角床戏"，为了躲避贩毒团伙的监听，他一个人演了一出男女交欢的床戏。表现力之强、尺度之大让视频迅速引爆了网络。有网友评论："一直知道张一山豁得出去，但没想到他这么能豁得出去。"张一山解释道："事实上，这出戏一开始是男女一起演，但后来考虑到保护女生，我就很英勇地独挑大梁了！"而这种戏码，是无论如何都不可能出现在电视上的。

从最早《万万没想到》《屌丝男士》等短片系列，一直到《盗墓笔记》

《余罪》等电视剧规格的大制作，如今网络剧已经成为一股强大的影视力量。所谓网络剧，就是以视频网站为播放平台，各个网站、工作室自行制作的影视剧，这两年主要以改编小说为主。网剧火爆的主要原因是题材上跳出了限制，鬼神、盗墓、刑侦、同性关系等敏感题材成为网剧爆款的主流。以爱奇艺2016年最热门的网剧来说：《余罪》打破警匪剧千篇一律的形象设定；《废柴兄弟4》将目光集中在都市中的"非成功青年"上；《最好的我们》则大打青春牌，紧扣"85后"的怀旧情结……有了这些丰富的题材和优良制作，再借助网络平台的自身优势，网剧在年轻群体中的影响力甚至超越了传统电视剧。题材的拓展对演员自身也大有益处，一批"颜值不高，颜艺（指表情丰富）很高"的演员脱颖而出。

"网剧的创作团队都特别年轻，从导演到演员到制片人，大家的创作能力非常强，每个人不仅仅把它当作一个任务、一个工作，而是真的想发挥自己的特长。"张一山对记者说，"现在有句话很流行——得年轻人者得天下。"

"美男火，我能理解，也能接受"

也许是因为刘星这个形象过于深入人心，大家对张一山的印象，就是从刘星直接跳到了余罪。事实上，早在《余罪》之前，张一山就已经完成了个人形象的转变。2011年，他参加舞蹈比赛节目《舞林大会》并获得冠军，成为该节目史上唯一一位"90后"冠军。近两年，他的戏路也在渐渐往年代戏迈进，主演了《大熔炉》《杀寇决》等抗战戏，看到了与少年时代不太一样的片场，一个需要他独当一面的片场。拍《大熔炉》时，他的车一度偏离道路差点掉下山崖，众人都担心他吓得不轻，谁知他拿出手机拍了张自拍，写道："刚刚差点死掉！"在胆大这点上，他和余罪倒有些相似。

2015年，张一山在卖座电影《老炮儿》里打了个酱油，出场一共不到5分钟。许多人替他惋惜：明明演技碾压"小鲜肉"，为什么戏份不及他们的十分之一？张一山倒是看得很开："现状就是这样，很多偶像有强大的'粉丝'基础，他拍电影就有票房号召力，拍电视剧就有收视率，拍网剧就有点击量，会给这个剧组带来很多的便利和利益，这是很正常的事情。美男火，我能理解，也能接受，至于我自己，我觉得能够做一个演员就行。"

如今，"小鲜肉"们一个个负面新闻缠身，张一山却异军突起，成了新一代"票房利器"。他并没有一丝庆幸，只说："我失去的，我得到的，都是最好的安排。"俨然一副笑看沧桑事的"高冷"模样。

做明星演戏不容易，不演戏的时候也不容易。"我从小时候起私生活就不是很自在，现在也是，挺难受的。"如今每天疲于宣传、见面会，让他觉得有些空虚。

以纵向的眼光看，"90后"的演员普遍比当年的"70后""80后"更懂得娱乐圈的生存之道。一方面是他们有优秀、专业的团队，用商品的理念从头到尾包装他们，另一方面是就自身而言，他们都有一种"理所当然"的思维：作为明星，被贴标签是理所当然，被争议是理所当然，所以我演我的戏，你骂你的街。换而言之，"90后"一代的理念是：演戏应该多一点职业精神，少一点理想主义。

张一山说："我可以通过演戏挣到很多钱，能养家、能过日子、能生活，职业其实就是这么简单。"他称之为务实，或者叫良好的心态。

与他一起演《家有儿女》的杨紫如今也已顺利从童星转型为女演员，《战长沙》《欢乐颂》等戏让她颇受关注。只是走红的同时，负面新闻也随之而来。一次，杨紫在朋友圈发了一条状态表达了自己的郁闷，张一山和她就你一言我一语地互相开导起来。"后来想想人生就是该有一些挫折，谁会喜欢平平淡淡的人生？"

有时候，挫折也是理所当然。

张一山接下来有两个计划，一个是演一部文艺片，因为"文艺片更人性，它的观点和出发点跟它表现的东西更丰富"；另一个是成立自己的工作室，"想和志同道合的朋友一起做点喜欢的事情。"

"你不觉得自己有时候太老成了吗？"熟络一点后，记者试探地问他。

他又是很"高冷"地蹦出一句金句："那人总是要长大的，总不能越活越回去。"

的确，一个将大半青春留在片场的人，总是要比普通人"老"得快一些。（文／余驰疆）

周冬雨：我的性格很性感

周冬雨，1992 年生于河北石家庄，2010 年因出演张艺谋电影《山楂树之恋》成名。2015 年毕业于北京电影学院，代表作品有《心花路放》《同桌的你》《麻雀》《后来的我们》等。2016 年 10 月，因电影《七月与安生》荣获第五十三届金马奖最佳女主角。

2016 年 10 月的第一天，国庆节，也是华语影坛最有分量的奖项之一，台湾电影金马奖的提名揭晓日。周冬雨在上海片场，与电影《七月与安生》的导演曾国祥通过微信隔空等待。晚上 7 点，消息传来，《七月与安生》两位女主角，周冬雨、马思纯同时获最佳女主角提名。周冬雨微信里传来一条语音，是曾国祥长达 50 秒的尖叫。一秒不到，周冬雨立刻回击了更高分贝、时间更久的尖叫声，就像是两个外星人的对话。她向《环球人物》记者如此解释这种沟通方式："我们一见面就这样，他想一下子把我定住，我就会用更强的气势把他定住。"

这大概是骨子里的一股劲儿，翻译成俗话就是"我偏不"。她记得小时候有一部台湾片叫《妈妈再爱我一次》，海报上写着请带够纸巾入场，她看了一眼海报对身边大人说："想让我哭，我偏不。"她至今也没看过这部赚足了全民眼泪的电影。

所以，家里长辈很少看她的作品，"因为我总是演些纯情温柔的小姑娘，他们看了都发笑，说怎么会演这样的人"。家长们以为她自小就是"女汉子"，结果她演了山泉般纯真美好的山楂树女孩；大众以为她是柔情少女静秋，她却又一脸冷漠、一派直言地出现在真人秀里；谍战剧《麻雀》热播，不少人质疑她的角色，她却日日追剧："我就是想看看自己有多'丑'！"

能被猜中、被掌控的女孩总不会是有趣的，所以周冬雨天生不愿活在别人的指挥中，既然长得不是大美人，身材也非凹凸有致，至少得有个有趣、自主的人生吧？

"我也可以很有情商的样子"

对周冬雨而言，拍摄《七月与安生》是在恰好的年纪诠释了一个恰好的故事。她在这部戏中扮演了家庭、成绩都不尽如人意的女孩安生，放浪形骸，又纤细敏感，像刺猬一样外刚内柔。而马思纯扮演的七月则是外人眼中的乖宝宝、优秀生，从不肯踏出小城一步。戏中两个女孩相互依靠、相互羡慕、相互伤害，共同描绘出关于自由与真我的成长故事。

这是正好适合 24 岁的周冬雨的主题：她刚刚经历了鲜活的大学时光，又尚未被时间浇灭热忱。此刻的周冬雨，不需要绞尽脑汁揣摩就能展现出或不羁或残酷的青春。片中有场戏，她要给难产去世的七月签字确认死亡，一抬眼、一流泪、一抿嘴，情绪纷飞，让人想到了当年周迅的神采，大家称之为"灵气"。

"什么是灵气？"周冬雨反问记者，"我从来不知道什么东西叫灵气，你知道吗？"她并不认为自己在这部戏中有多么爆发，而总是说，是导演给了很大的空间，她自然而然便塑造了无拘无束的安生。监制陈可辛知道这是演员最难得的天然状态，过了这个年纪便很难再拥有，于是对她说："你不要想着改变，现在刚刚好。"

诚然，当下是最好的年纪。18 岁时，周冬雨从一名舞蹈艺考生被选中变成"谋女郎"，红遍全国，只是那时的她怯懦腼腆，见到记者都轻言细语地喊"哥哥姐姐叔叔阿姨"；拿了第一笔片酬就买了房，把家人接到北京住，20 岁不到就成了家里的顶梁柱；读大学一年接一部戏，《同桌的你》《倾城之恋》等等，戏里梨花带雨，戏外尽情撒欢；等到现在这个年纪，周冬雨终于出落成生猛又自信的女演员。

一年多前有记者刻意刁难，穷追不舍地问她这辈子碰到最阴暗的事情是什么，她立即就反问回来："那你这辈子碰到最阴暗的事儿是什么？"愣是把记者给问住了。

"人哪儿有那么多阴暗的事儿。我在心里默默对她说，'碰过最阴暗的就是你了'。但是事后又觉得自己情商有点低。"

关于周冬雨的情商，有人批评过，但也有人认为这是真诚。周冬雨曾问过张艺谋，接受采访需不需要做点培训？张艺谋回答："真实就好。""从此以后，真实就成了我的准则，把自己的想法直接告诉大家，开心就是开心，不开心就是不开心。"她说，"我也不是傻子，我也可以很有情商的样子，也装淑女让大家都喜欢我，但我就是说服不了自己，我就是不乐意。"

大概就是这份不乐意，让周冬雨一眼相中了安生这个角色，当时曾国祥本想让她演乖巧的七月，但周冬雨说"不是安生就不演了"；也是这份不乐意，让她彻底成为安生，那个不愿取悦他人的倔强女孩。

不过是恶意，无须在意

直率，这是与周冬雨接触过后很容易给出的形容词。采访时，她穿着一套居家休闲装，素着颜赤着脚，冷了就抱着膝盖蜷成一团，让自己淹没在沙发里，当着记者的面就穿起袜子来，边穿边哼"浙江温州、浙江温州，江南皮革厂倒闭了……"（一首网络神曲）一脸机灵劲儿地对记者说："我就是那么接地气。"然而很多时候，与周冬雨相伴的除了地气，还有争议。

2011年高考，作为照片被贴在高中展示厅里的天之娇女，她的分数备受关注。还没公布成绩，网络上就出现各种假冒的低分成绩单，阴谋论甚嚣尘上。一年前她还是拿遍新人奖的"谋女郎"，马上又成了"键盘侠"集体讽刺的对象，她觉得不解：明明什么都没做，为什么大家不喜欢我？

人们为什么"不满"？从周冬雨第一次出现在大银幕中起，许多人就将她和静秋、初恋等词绑定。结果，这个女孩成绩平平、情商不高、还时不时犯浑，他们突然发现，真正的周冬雨竟然不是他们想要的周冬雨。"一开始大家觉得我是演淑女的，渐渐发现我是个大大咧咧的人。"她说，"我这一款就是要有特定的人喜欢，我知道自己的长相、身材不行，但是我的性格很性感。"

周冬雨录制真人秀节目《极限挑战》时，因在节目中直呼孙红雷名字、不配合节目环节设定等受到网友口诛笔伐。仅仅一个晚上，十几万的恶意留言涌向她的微博。即便是后来相关演员、工作人员出来澄清，孙红雷也说自己喜欢周冬雨这种"没有惯性虚伪的性格"，她的微博还是被一群为骂而骂的网友吞没。

有的女明星会在此时正面迎敌，写上几条长微博与网友"开撕"；有的则大走柔弱派路线，一脸无辜流点泪。而周冬雨却是用一种更混不吝的态度面对，"我就刷那些恶意的评论，然后学他们骂人的话，想着以后演戏肯定有用"。2014年，她在电影《心花路放》里扮演一个满口脏话，一头脏发的"杀马特"女孩，颠覆之成功令众人惊喜，"好多词都是从我微博评论里学的"。

角色会改变一个演员

周冬雨也有安静的时候，甚至像个老年人。午休吃饭，她的饭盒里清一色蔬菜；每晚睡前点一炷佛香，凝神静气。

"有人说过你老成吗？"《环球人物》记者问道。

"有。每次别人这么说，我就觉得很有成就感，因为我都是装的。"她大笑。

她希望留给大众一个成熟、大方的女演员形象。其实她一直害怕在众人面前说话，一旦超过百人坐在下面就开始发抖，她会掐着自己说"不能？"。"我很敏感，但这容易影响到身边人，所以我尽量装作自己很迟钝，不是有本书叫《钝感力》吗？我就一直在努力培养自己的钝感力。"

但对演员来说，天性敏感就是老天赏饭吃。当初《山楂树之恋》选角，她怎么也哭不出来，深夜一个人对着镜子说："明天怎么也得哭出来，不争馒头争口气。"第二天，她一哭，张艺谋就直接拍板让她做了女主角。拍《麻雀》，她一边担心自己撑不起旗袍，一边熬夜赶工，但一想到戏中人物为了信仰牺牲生命的情怀，就不觉得工作有多难了。

《七月与安生》上映后，郝蕾评价周冬雨，"开始学会活在戏里了"。她特别兴奋，因为郝蕾是她的偶像，"一开始我不太懂活在戏里是什么意思，但最近我有点明白了。我能感觉到自己好像话变多了，更洒脱了，可能角色的确会改变一个演员。"

采访结束后，周冬雨对记者说："可能下次见我，我就不会再用这种状态、这样的语气回答你的问题了。"

"是因为在这个圈里，免不了会越来越世故吗？"

她回答："我希望自己不会，想保持一颗纯粹、自由的心。"

这是个不愿安生的女孩，有她的纤细敏感，也有她的骄傲执着。

（文／余驰疆）

成龙，大哥的迟暮

　　成龙，1954 年 4 月 7 日出生于香港，中国香港男演员、导演、动作指导、制作人、编剧、歌手。代表作有动作片《新精武门》《蛇形刁手》《醉拳》《红番区》等。2010 年获得第 54 届亚太影展杰出电影成就奖。2012 年被美国《纽约时报》评选为"史上 20 位最伟大的动作影星第一位"。2016 年获得奥斯卡金像奖终身成就奖。截至 2017 年，其主演电影在全球的总票房超过 200 亿元。

　　成龙大哥在 2015 年出了本书《还没长大就老了》。俗话说，美人怕迟暮。看起来英雄也是。有一次他和欧美流行乐坛的教父大卫·福斯特聊天，福斯特告诉他："人过了 80，每一天都是捡回来的。我还有 16 个春天。"成龙听了很揪心，从此以后，就开始掰着手指算自己的年月："现在就是 19 了，十九八七六五四三二一，很快我就没有了！"

　　英雄人物可以战死沙场、马革裹尸，也可以无声无息地慢慢终老。

成龙盘算着，最好的离开方式是怎样的？想象着80岁的自己，在某部片子里客串一个爷爷的角色，然后悄无声息地不见了。一向处于焦点的他不能接受。

这时候，他羡慕起了李小龙，生命在辉煌的时候戛然而止，成就一段传奇。"有时候想开着飞机去旅行，忽然消失不见。但又舍不得。舍不得工作，舍不得走，舍不得死。"他注定还抛不开俗世繁华，要留下来继续和自己缠斗，还远远没到谢幕的那一天。

60 岁还能打吗

成龙的父亲是一名厨师，曾对他说："儿子，我已经60岁了，但还能做饭，我可以靠做饭谋生。你现在20岁，你到60岁还能打吗？"

2014年4月7日，成龙在清华大学做演讲，影迷们为他唱生日歌，这一天他61岁。在他上一部电影《天将雄狮》里，他扮演了一名将军，依然身手矫健，骁勇善战。这部电影取得了7亿多的票房，动作加喜剧的模式、国际化的制作班底、英雄情结加主旋律色彩，"成龙电影"的商标在今天的市场仍然奏效。

问起成龙为何有今日之成就，他会归结到小时候在戏剧学校的经历："那段时间暗无天日，但也造就了今天的成龙。"7岁时，他就被父母送到师父于占元身边。他和师兄弟们打着地铺睡在某个阴暗的角落，吃喝拉撒都在那条地毯上。除了没完没了的训练，各种体罚、藤条加身是常事。棍棒式教育使他到现在生活上还是一板一眼，比如吃饭，不允许有一颗米粒在外面："掉一粒饭，师父的大嘴巴就抽过来了。"

带着这种旧式戏班子里培养而成的精气神，成龙拍起戏来是出了名的拼命三郎。"当年我拍电影没有人性的。拍《警察故事》的时候，从大厦顶上跳到游泳池里，我喊'Action'（开拍），Duang！一个人摔下来，断手断脚，抬走。Duang！再来一个，头破了，又抬走。演员站在那里不敢跳，我都是恐吓、大骂。最后没人敢上了，我来！换衣服上，然后被送到了医院吐血。这个才叫老大，年轻时候我要的就是这种气场。"有人说，在香港众多动作班底中，成家班之所以能够胜出，就是因为残废的人多。

坚持亲自上阵，拍摄一些高危镜头，是成龙一向引以为傲的傍身绝技。但一个伤痕累累、眼看着又在日渐衰老的残破躯体在不断地提醒着他，"功夫皇帝"也不得不妥协服软，"不想坐着轮椅过下半辈子。"电影中，他开始经常使用替身，"希望你们看到后，能原谅我。"

一不留神讲一句话，后悔一辈子

拍电影的时候，成龙是条硬汉，从 70 多米的高楼一跃而下眼睛都不眨。但生活中的成龙并不是天不怕地不怕。他不飙车、不滑雪，开车过天桥的时候，甚至担心天桥塌下来。"生活中我不做无谓的牺牲，所有的牺牲都在电影里。"

他最怕打针，偏偏身体上的伤病，又让他经常得和医生护士见面。打针时，他害怕到被护士追着跑。检查身体前，他都会精神紧张，这种时候，他就一直扫地、收拾屋子。脚踝脱臼，他自己扭一扭；肩膀需要打入钢钉，他一直拖延着。

他对媒体的畏惧，更是经常溢于言表。在清华讲座的时候，他说："在片场我最厉害，讲粗话、发脾气、拍台子。面对你们大学生，我是真不知道该讲什么。还有媒体在现场，我更要小心。"

他的畏惧并非无来由。比如一句"中国人需要管"就被香港媒体大加挞伐，斥为"奴才""小丑""香港之耻"。他自己有理也说不清，越描越黑。多年来，他声名日隆，却争议、是非不断。他的形象已经超过了一位单纯的娱乐明星，但进入到公共政治领域，他又并不擅长。言论和形象的落差，便不断地经由媒体重复、强调和放大。

这令他很苦恼，时常想躲起来，不见媒体："一不留心讲一句话，会让我后悔一辈子。为什么你们老是针对我呢？有时候想想，我真的蛮可怜的。"而最终他把这归结为自己从小没好好学习，文化水平低所以才"说不过别人"。这也是他这辈子最遗憾的事情。在那次清华讲座中，他把"历历在目"说成"目目在历"，把"无地自容"说成"无脸自容"，一旁的主持人白岩松忙着替他打圆场。

"以前有书不好好读，现在就是通过交朋友，去慢慢丰富自己。"由此他获得的一些经验和知识，也务实而朴素，比如他常说："来说是非者，便是是非人。""有些人可以重用，但是不能做朋友。"

他有老式家长的做派，唠叨、苦口婆心。比如对待儿子房祖名，他向来看不惯："你看他一回到家，永远是一下两下把鞋子踢飞，然后穿个白袜子走来走去，他不知道有多难洗。可是怎么办，你打他一耳光，他是可以去告你的。"后来儿子出事坐牢，他说："坏事变好事，我管不了他，让国家来管他。"记者问他心不心疼，他说："不心疼，我当年可比他苦多了。"

他电影中经常出现的"说教"也让一些人诟病，但他很坚持："我每拍一部电影都是有话要讲的，比如《新宿事件》，我想和中国人讲，别移民，没有一个国家比自己的国家好。《十二生肖》，讲失窃文物归还原主。电影反映的都是我的亲身经历，是发自肺腑的。比如说好好学习，在国外看见那些优秀的留学生，我打心眼里高兴，我就是特别希望年轻人好好学习。"

用工作填充生命

成龙说，他没有宗教信仰，努力工作就是他的信仰。近几年的《绝地逃亡》《铁道飞虎》《功夫瑜伽》《灭火群雄》等拍摄制作。"耳顺"之年的他，还在用紧锣密鼓的工作填充着自己的生命。他说："我站在这里，随时准备被淘汰。"

《环球人物》：有没有想过，万一有一天不能工作了，会过怎样的生活？

成龙：也许会去环球旅行。希望到时候，我这个满身旧伤的身体可以顶得住。

《环球人物》：为什么想到出书？

成龙：我是个武行出身，没怎么读过书，小时候在戏剧学校，是那种老先生的私塾式教育，背了一些四书五经。这么多年来，我都是在片场学习，在生活中学习，所以对我来讲，写书是想都不敢想的事情。但是几年前我的朋友朱墨说，希望站在旁观者的角度，把我这几十年生活里或无奈，或辛酸，或有趣的故事讲出来，我才决定试一试。

《环球人物》：2015年第一个流行热词"duang"，就是您创造的。这事您怎么看？

成龙：现在网上的年轻人真的很会玩，我完全不知道怎么回事，结果一下子就火了。后来我的工作人员拿给我看，我觉得那是一种善意的调侃，挺有趣的，我就在微博里也用了，陪大家一起玩。

《环球人物》：成名多年，对金钱、财富这些，看法是不是和早年有很大不同？

成龙：刚成名的时候，看见什么都要买。买红酒就买一个酒庄，买衣服买空了一条街，我香港家里囤积的东西多到吓人。但是随着年龄增长，得多少奖，挣多少钱，有多少存款，我现在对这些真的不在乎了。以前什么都想买，现在什么都想捐。

《环球人物》：当初和娇姐（林凤娇）是奉子成婚？还是有爱情的吧？

成龙：对，是奉子成婚！什么叫爱情？我不懂爱情。当初我有很多女朋友，各有各的优点，娇姐很重要的一点是被成家班认可。

《环球人物》：电影之外最珍视什么？

成龙：我从小到大都没什么家庭概念，从 7 岁开始到现在，基本上每天吃饭睡觉都是一堆人在一起。电影之外，我比较注重江湖兄弟，很多事情的解决方法也都是江湖道义。也因为这个，很多人批评我离家庭太远，不负责任。所以，我现在也一直在反思，特别是"小房子"出事之后，我觉得可能以前给他压力比较大，也忽略了他妈妈。父母与孩子的爱本质上是别离，孩子总有一天要远走高飞，"小房子"以后肯定是自己干自己的，由他去吧，娇姐就跟我一起，我好她就好，她好我就好，我们一起变老。（文 / 赵晓兰）

岳云鹏，时刻跟自己说"别嘚瑟"

岳云鹏，1985 年出生，河南濮阳人，德云社相声演员，和孙越、朱云峰、闫云达并称"德云四少"；2018 年 2 月 16 日，大年初一，由其主演的电影《祖宗十九代》上映。

很少见到这样的岳云鹏，脸有点肿，眼圈有点黑，眼睛里还有红血丝。

见面前，工作人员已经给记者打好了预防针，"他刚在电视台录完节目，紧接着就是媒体采访，郭德纲执导的电影《祖宗十九代》马上就要上映，又是徒弟又是主演，他的宣传通告满满当当"。

各种忙、各种折腾，屋里的人都有些心疼，岳云鹏却说自己习惯了这样紧凑的节奏。这两年，他在德云社讲相声的时间少了，开始频频在电影里露面，参加各种真人秀节目，还发了两首单曲。比起站在相声舞台上的时候，现在的岳云鹏确实更火了。

在观众看来，他已经迈出了相声剧场，跨进了演艺圈，逐渐在新地盘站稳了脚跟。但岳云鹏自己却有了新的焦虑，面对更大的舞台、更大的名利场，各种不安的情绪交织而来。

跟师傅的交流很严肃，我不敢和他开玩笑

《祖宗十九代》讲岳云鹏饰演的贝小贝与祖先相遇的故事。在这个焦虑又迷茫的青年身上，岳云鹏看到了自己的影子。

2017年初，郭德纲让岳云鹏空出几个月的时间，他想拍一部电影，男主角留给了徒弟。"我的第一反应是，他为什么选我？德云社那么多好演员，郭麒麟他没选，张云雷他没选，最后选了我。我怕自己演不好，压力非常大。到了片场，与吴秀波、吴君如这些实力派演员搭戏，我更紧张了。"

在此之前，郭德纲作为演员客串了几部喜剧，但都反响平平。导戏的经验，更是没有，第一次出手就冲进"贺岁档"，不少人替这对师徒捏了把汗。岳云鹏直言不讳："我们在电影圈名气确实没那么大，有人说：你们在相声圈有名啊。但那其实没用。人名气大要看在哪个地方，比如黄渤，他在电影圈很厉害，影帝，他就拍电影。我们在相声圈有名气，但在电影圈还要摸爬滚打。"

最让岳云鹏紧张的不是电影的口碑、风评，而是师徒第一次合作拍电影，他害怕处理不好两人在片场的关系。"我们爷儿俩不是单纯的导演与演员关系，还有师徒关系、'情同父子'的关系在里面，这个度真

不好把握。对剧本或者某场戏有疑义、有想法，我不知道该怎么跟他聊，在哪儿跟他聊，当不当着别人的面跟他聊。"

在整个拍摄过程中，岳云鹏和郭德纲的沟通挺顺畅，但也出现过小问题。有时候，他们需要通过工作人员传话，岳云鹏就特别怕话传得不对。"因为我眼睛不好，给《祖宗十九代》拍剧照时，闪光灯啪啪啪连闪几下，我就对那个极度恐惧。我跟工作人员说，拍不了那么多，休息休息再继续。这话传来传去到了我师傅那儿，变成'岳云鹏不配合拍照'。我师父就来问我，'你疯了，剧照都不拍。'我赶紧跟他解释。"

实际上，和师傅郭德纲的关系，岳云鹏一直处理得小心翼翼。他对记者说："师傅身上有一种很奇怪的东西，会让你害怕。我们的交流一直很严肃，我不敢跟他开玩笑。"

2004 年，岳云鹏在 19 岁时加入德云社，就是郭德纲众弟子里最不会来事儿、最不会讨好师傅的那个。相声界本来就讲究辈分与规矩，德云社尤其重视这些传统。比如后台有张八仙桌，只有郭德纲和于谦能入座；前辈抽烟，自有人点烟；烟灰落地，自有人打扫。岳云鹏当时一边学相声、背贯口，一边在后台扫了 6 年地。不过也正是因为他听话、老实、肯学，郭德纲愿意教他、捧他，让他上相声舞台，安排他参加自己主持的节目《今夜有戏》，给他找拍电影、上真人秀的机会。早年间，德云社内部曾有人提议开除岳云鹏，因为他学得太慢，郭德纲力保：就是扫地也要留下。10 多年后苦尽甘来，岳云鹏说："我知道因为有师傅铺路，才有今天的我。"

你喜欢电影我也喜欢

2017 年年初，岳云鹏在德云社多了一项权利。郭德纲跟他说："从今天开始，你有什么不想做的事情，都可以提出来，可以拒绝。"这一年，岳云鹏参加一些真人秀，拍一些电影，开始自己做选择。"我跟师傅说'不'，也跟朋友说'不'。有时候他们招呼：小岳岳过来帮几天忙，这有个特别傻的角色很适合你。如果我觉得不合适，会跟他说：不去。2017 年我有好几部电影上映，如果不控制，数量会更多，质量会更参差不齐。"

从 2011 年拍第一部电影《就是闹着玩的》开始算起，岳云鹏已经演了快 7 年。他最开始接电影的标准是，只要是找上门来的，基本都演。他的助理回忆：拿到的明明是自己不喜欢的剧本，却装作一副很喜欢的样子接了下来。岳云鹏则说："那会儿我没有什么名气，有人找我拍电影，当然答应了，就是倒贴钱我也答应。"

而现在，连续两年在春晚登台后，他出演了票房超过 10 亿元的《煎饼侠》，电影插曲《五环之歌》唱遍全国各地；还在大牌云集的真人秀《欢乐喜剧人》中问鼎冠军，成为"喜剧之王"。这些电影圈内外的成绩，都让岳云鹏有了自己做选择的底气。

这种改变是如何发生的？身边的工作人员说：他刻苦用心。岳云鹏仍清晰地记得 2015 年拍《从你的全世界路过》。他饰演的猪头是个悲情人物，为了给女友燕子最好的生活，家教、黑车、饭馆，什么赚钱就干什么，最后却还是在这段感情里输得一败涂地。一开始他没有思路，不知道该怎么演，人物该怎么诠释，就和导演聊，和搭档柳岩聊，更多的时候，他一个人琢磨。突然间，他开了窍，从猪头身上想到了自己的故事。最后在一场撕心裂肺的追车哭戏中，他的眼泪征服了观众。事后聊起这场戏，岳云鹏说："我还年轻，谈不上演技，但我走了心。"

近两年，岳云鹏身上多了个标签："加入电影圈的相声人"，显然这并非百分百的褒奖。有不少真正喜爱他的朋友在私下劝他：小岳岳你回去说相声吧，我们不想看到一个好相声演员出现在其他舞台上。岳云鹏有些不解。他真诚地跟记者说："辽宁民间艺术团在拍电影，开心麻花也在拍电影，你喜欢电影我也喜欢。和说相声一样，我也很想用心做好电影这件事情。"

这一次，岳云鹏评价郭德纲的电影："师傅把握得很好。"他觉得，《祖宗十九代》里融入了相声人自己的喜剧元素，"类似相声中抖包袱的形式，以画面、台词、表情等更多种方式呈现，元素比相声更丰富。"

而关于自己的电影路，他还有更远大的理想：当编剧，写一部自己的悬疑剧本。

从1块钱到5块钱，你想想那个感觉。

从学徒到明星，从相声圈到电影圈，岳云鹏坦承自己有过迷茫和膨胀。出身草根的他经常被问道：成名后是什么感觉？他说：我害怕。

几年前，有媒体采访岳云鹏时问他：戏比天大，还是父母比天大？岳云鹏毫不犹豫：当然戏比天大，那是艺术。2013年，岳云鹏在德国演出，临上台前接到父亲病逝的消息。他强忍着悲痛上台，跟观众逗乐讲段子。当晚，他发了微博："思索再三，我决定演完再往家赶，戏比天大，希望父亲能够理解。"

现在再问他同样的问题，答案变了——"父母比天大"。"2016 年是我最忙的一年，各种各样的人来找我。有一段时间每天结束工作，我都会问自己：今天是几号？在哪个城市？在干什么？明天吃什么？"他越思考就越郁闷。

"那时候我特别喜欢买表，这个款式好看，来一块；那个秒针好看，来一块。跟朋友们吃饭，也必须是我请，我抢着买单。我还记得兜里有 1 块钱的时候，日子是那样的，没来得及经历两块钱、3 块钱的生活，兜里一下子突然有了 5 块钱。从 1 块钱到 5 块钱，你想想那个感觉啊。"

刚开始，岳云鹏也没意识到自己变了，还好有朋友提醒：小岳岳你这个劲儿，我们觉得不太对了。妻子郑敏也时刻提醒他。有一次相声演出结束后，岳云鹏沾沾自喜："你看我这现场火爆的程度，比高（高峰）老师都还要火，师父为什么还把他排在我后面啊？"郑敏听完就扇了他一巴掌，骂道：你疯了吗？！被扇巴掌这件事，他第二天就告诉了郭德纲。

身边的各种提醒多了，岳云鹏学会时刻跟自己说：别嘚瑟。"我知道在大部分人眼里，我是不能这样的。他们始终认为，小岳岳是村里出来的，应该还是那个淳朴的小伙子。在名与利的旋涡里，我时刻都在努力调整自己，要不然就真疯了。"岳云鹏说。

不光是相声，连菜品都在改良

岳云鹏很怀念当初在德云社学相声的日子。"每天辛辛苦苦背段子，没有杂念，为相声奋斗。一旦有包袱出现，哇，这个好。那个兴奋劲儿，无与伦比。"

2004 年，岳云鹏在北京的一家面馆打工。那时候他一个月工资1200 元，迟个到碎个盘子扣点钱，再寄回家 600 元，还能剩 400 元。闲了，就和朋友喝个小酒。"刚遇到师傅的时候，我也想过为什么要跟他学相声，当时那样不也挺好，学相声的话什么时候是个头啊。后来到了德云社，不睡觉想段子，我发现自己真喜欢上了这项传统艺术。"

拜师之前，岳云鹏根本不知道郭德纲是谁，只听过马三立、马季的名字。那时候，德云社的观众最少时只有一个人。很快，郭德纲和德云社开始蒸蒸日上，但这与岳云鹏没什么关系，在进入德云社的最初两年，他所做的事就是扫地和搬桌子。同时，他也在疯狂学习。他回忆那时的自己，"疯狂地往脑子里灌输关于相声的东西，不光是相声，戏曲也听、鼓曲也听、评书也听。"

可最初登台，一段 15 分钟的《杂学唱》他说了 3 分钟就因忘词而下台。"太紧张了，一片空白，下来就肚子疼。"对自己"狂轰滥炸"了几年，2011 年 4 月 9 日，岳云鹏终于举办了他人生中第一场大剧院专场商演，全场座无虚席。

在这场演出之前，他发过一段微博，说自己一直在做噩梦，梦到"剧场没电，没带大褂，鞋穿错了，搭档又没来"。而比起担心发生演出事故，岳云鹏更担心的是卖不出票。站在台上，他像是问观众也像是问自己，"谁会花钱看这么年轻的相声演员说相声？想也想不到，今天能坐满了。"

有人问：在这个小鲜肉满天飞的年代，为什么岳云鹏能有那么多粉丝？知乎上对此有 100 多个回答。有人喜欢"贱萌小岳岳"的形象，还有人就喜欢他那句口头禅：我的天呐。显然，剧场听相声的人，想听的早不是那种"三五分钟一个包袱、铺平垫稳"的传统作品，他们想听的是立马能被逗笑的碎段子，想看的是可以随时发送的表情包。从郭德纲开始，相声里的包袱越来越紧凑；到了岳云鹏这里，说相声更变成了"演"相声。

"不怕老一辈相声人指指点点？"记者问。

"市场在变，相声也在变。不光是相声，连菜品都在改良，最早宫保鸡丁里的花生米是不去皮的，现在都去了皮。"

"我曾经也以为相声已死，但我们相声人一直在努力。在《欢乐喜剧人》里，一段相声和四组小品拼冠军，我和孙越（岳云鹏的相声搭档）天天不睡觉琢磨段子，就是想证明，相声还活着，它没死，至少不会死在我们这一辈人手里。"

岳云鹏在微博上发过一张照片：他刚表演完，站在台下，头顶是"德云社"牌匾。配文是：这是我的家。这是他对那个舞台最真实的感恩与留恋。（文／毛予菲）

TFBOYS 王源：少年的骄傲与烦恼

王源，2000 年出生于重庆，2011 年成为 TF 家族练习生，2013 年以 TFBOYS 组合成员身份出道，主要作品有歌曲《青春修炼手册》《因为遇见你》。参与影视剧《爵迹》《青云志》以及综艺节目《王牌对王牌》等。2017 年，他受邀在联合国"青年论坛"上发言。

《环球人物》记者对王源的采访分了两次，一次是 2017 年 4 月初，他在北京出席联合国的活动；一次是 2017 年 4 月底，他结束了一个月的忙碌工作，回到重庆学校后的一个午休。

两个场合，两种状态。在北京见到他，走到哪儿都有光，一副成熟、得体的明星架势，对自己的工作流程了如指掌，只有瘫在沙发上刷着手机时才展现疲惫的一面。在重庆时，他刚下完课就匆匆赶到公司，吃过饭后接受采访，结束后马上回去上课，但聊天时的语气倒比之前活泼、轻松了许多。

这两次，记者分别问了两个截然不同的问题，他的回答都很实在。第一次时问他"当明星最大的快乐是什么"，他说："是被大家瞩目的感觉。"第二次问他"当明星最大的失去是什么"，他说："回校后没有什么朋友，闲下来的时候就不知道做什么了。"

身在全中国最火的偶像团体，被狂热的粉丝追随，甚至在联合国"青年论坛"全英文发言，在16岁的年纪，王源拥有普通少年无法拥有的骄傲，也承担着普通成年人未必能承担的烦恼。

再选择一次，还是要做明星

2016年，王源在重庆给家里买了房，付了40多万的首付。他对自己的房间没有要求，"有床能睡，有桌子、有空调就行了"。那是他第一次对收入有了明确的概念，他说："我就觉得很开心，在别人上学的年纪，我都能赚钱了。"

房子是他自己选的，选择的理由是便宜。与很多年少成名的明星不同，王源有着非常理智、清醒的自我定位：把明星二字当作工作，而非光环。他的父母也是如此。"我觉得我父母最成功之处，就是他们还和以前一样，不会觉得说我儿子有什么成就，我就要上天了。"他说，"成名之后，就有那种以前对我不好、现在来无事献殷勤的人，我就说你走开，我就不会跟他们接触。"用现在最流行的词儿，他的的确确是个"耿直 boy"。

"如果再给你一次选择的机会，你还会选择这么小就出名吗？"

"会。"

他给出了两个理由。一个听起来很理性，"现在国内像 TFBOYS 这样的组合很少见，所以我觉得自己就要做一个先行者，为什么不能走在别人前面呢？为什么要当一个平凡人呢？"还有一个理由则很感性，"能有自己的梦想，能用自己的表现让大家开心，也是很幸福的事情。"

2011 年，11 岁的王源因为兴趣加入时代峰峻公司旗下的明星养成项目——TF 家族，成为练习生学习唱歌、跳舞。他练习的画面、与队友王俊凯合唱的视频被公司传到网上，被越来越多人点击、转发。不过，当练习生的日子更多是懵懂的，甚至是"眼前一片黑暗"的，王源曾因为压腿痛哭，也在网上看到了许多负面评论。他不止一次说，当时"10%的人称赞，剩下的 90% 都在骂"。他开玩笑说："不知道自己为了什么练习，可能就是为了 500 块钱的差旅费吧。"

一年后，12 岁的王源体验到了什么叫作红。一次，他走在重庆街头，戴着帽子，突然就被叫住了。"你是王源吗？签个名吧！"他当即落荒而逃，"因为当时没化妆"。他说："我小时候胆子挺小的，最开始被大家关注，不管是坏是好都觉得有一点压抑。"

当被问到是什么支撑自己一直努力的时候，王源对记者说："最开始的时候不懂，觉得每周去训练，拍些视频到网上没什么关系。后来我们公司的老师就跟我说，'现在很多人关注你了，你不可能再往后退了，你只能越走越好，如果掉下来，就会成为别人的笑柄'。"他形容这种感觉就像是上了一条船，人就必须往前滑，不进则退。

"看到骂你的话怎么办？"记者问道。

"小时候我也有点傻，对外界评论没有很敏感，就知道有人在骂我；现在会敏感一点，有时候会在被窝里面偷偷骂回去。"

"我们身上，有很多人梦想的影子"

2013 年 8 月，王源和王俊凯、易烊千玺组成 TFBOYS 出道，一年时间，他们从网络起步，迅速攻占了纸媒、电视、广告牌。

2014 年 7 月，他们推出单曲《青春修炼手册》，之后便是一次次纪录的不断更迭：2015 年，王源在生日时推出自己的全创作单曲《因为遇见你》，并登上了纽约时报广场的大屏幕；2016 年，他成为新浪微博最有人气明星排行榜的第一名，是微博上首位粉丝量破千万的"00 后"，这一年生日，粉丝为他举行了一场公益活动，甚至点亮了鸟巢；2017 年，TFBOYS 第二次登上春晚舞台，王源受联合国邀请到美国纽约参加"2017 青年论坛"并全英文发言……当年那个因为没有化妆落荒而逃的小男孩穿着笔挺的西装，在联合国的会议上阐述着自己对教育、对当代青少年的看法。在美国时，他接受了几家华语媒体的采访，应对自如、逻辑清晰。

有趣的是，在联合国发完言后，王源自己在微博上打"王源、英语"，去网上搜集各路评论。看到许多人评价他英语不好、有口音，他说："嗯，说得对！去之前我就做好了被骂的准备，我觉得很正常。但是被骂了，我肯定会更努力学。"

"全中国有那么多怀揣星梦的少年，为什么人们最后选择了TFBOYS？"《环球人物》记者把这个问题抛给了当事人王源——"粉丝经济"时代最成功的少年偶像。

"曾经有人和我说，有些粉丝看着我们几年这样走过来，从小屁孩到现在的样子，有一种把自己的梦想托付在我们身上的感觉。他们看着我们进步、成长，就相当于是他们青春的纪念。我觉得可能我们被别人喜欢的点也在于这，我们身上，有很多人梦想的影子。"这大概就是对"偶像"二字最好的定义，一种让粉丝的情感、心灵、理想得以寄托的符号般的存在。

"被这样宠爱，不会觉得压力很大吗？"

"压力肯定大，别人把你捧到这么高，那就得做好自己，不然摔下来很疼的。"

采访当中，这个十几岁少年，不止一次表现出令记者惊讶的理性和早熟。他告诉记者，2017 年 1 月，他参与了综艺节目《王牌对王牌》，每次录制结束后，他都会回去好好看一遍，然后深刻检讨。"我想知道自己哪里插话是对的，怎么把气氛搞好。"

他说："我不怕被定位，我可以根据场合变成该有的样子，需要搞笑我就搞笑，需要帅气我就帅气。"

失落的青春，只是获得的代价

寂寞，是年少成名之人绕不开的主题。2016 年，TFBOYS 第一次登上央视春晚，在后方采访间里，主持人问王源：什么东西是你在成名路上必须克服的？王源说："孤独。"他的孤独是，在无数次为了完成目标进行的努力中，没有人能真正帮到他，"师傅领进门，修行看个人"。因此，他总是在脑海中反复回忆每一次周年生日会、跨年演唱会结束时礼花漫天纷飞的场景，他说："那种感觉是，当你在镜子前练习唱歌跳舞，努力了很久之后，一切终于告一段落了。"

这种感觉，许多同龄人大概只有中考、高考结束后才能深切体会，但王源几乎每半年就要感受一次。

孤独的另一种解释，是他看到的世界越来越大，心里的世界却渐渐变小了。工作时，他的身边都是成年人；回到学校，他发现自己已经难以融入同龄人的氛围中。2016年夏天，王源以优异成绩考入重庆重点高中南开中学，将近一年来，他最大的感受是："高中课业非常重，而且我融不进同学们的圈子了。"

回到家里，他有时觉得无所适从，"找不到朋友，也不知道做些什么"。他向记者描述了最近经常发生的场景：在天气晴朗的下午，拉开窗帘坐在窗边，看看书、发发呆，有时看个几十页，有时就看个几页。这种时刻就会感到某种失落。

"这种失落要怎么去自我安慰呢？"

他用些许少年老成的语气回答："失落的时候我就告诉自己，跟别人比，你已经拥有了太多了，失去一些也是应该的，不可能老天对你这么厚爱。既然是自己选择的，那就一直走下去。"王源的话里没有一丝不安和委屈，因为这是作为明星最基本的觉悟。

他对记者说，希望能成为像歌手林俊杰一样的艺人。前段时间他们一起合作录歌，这位前辈身上敬业、认真的态度让他佩服不已。"我们一起工作的时候，他总是很仔细地把每一个点示范给我听，我就感觉自己像在听一场演唱会。"励志、幽默、有才华，这是他对偶像的评价，也是对自己的期待。

第一次采访结束的时候，王源和记者客气地说了很多声"辛苦""再见"，之后转身坐进了沙发。一声不吭的他，身后是高楼矗立的北京CBD，眼前是喧闹、耀眼的拍摄场地。

看起来的确是孤独的，但也是强大的。

快问快答

《环球人物》：*你最近看了哪些书？*

王源：《肖申克的救赎》《盗墓笔记》《牧羊少年奇幻之旅》，我喜欢那种有希望的感觉。我还喜欢看一些冷知识百科，最近知道鲨鱼的卵是螺旋形的，觉得很有意思。

《环球人物》：*有觉得自己太早熟了吗？*

王源：如果你太天真活泼，那在这个圈子里肯定是不行的；但如果太老成的话，就失去了这个年龄本身该有的一些纯真。我觉得我心蛮大的，还是挺有童心的。

《**环球人物**》：现在最急切想学的是什么？

王源：写曲、写词。前段时间我唱了一个电视剧的主题曲，写词老师年纪比我大很多，可能写青春有些困难，我就自己改了几段。我现在还不专业，希望再多学一点。

《**环球人物**》：想去哪儿旅游？

王源：北欧，没有什么人的地方。

《**环球人物**》：你怎么评价"00后"？

王源：我们的思想会更开放一点，做事情更勇敢一点。像我这样2000年到2005年的，可能正在一个青春期，会有一些叛逆、不听话，但我觉得这个是青春独有的特质，"80后""90后"都会有这样一个阶段。这正是青春最有魅力的东西。

《**环球人物**》：那你有愤怒、叛逆的时候吗？

王源：很少愤怒，谁让我不开心我就背地里骂他。但不会让别人知道，不会表现出来。

《**环球人物**》：你有妥协的时候吗？

王源：没有。我的人生就是我的，可以不听别人的意见。而且我要听的只是意见，并不是要谁替我决定，最终决定的是我自己。（**文 / 余驰疆**）

李易峰：不要害怕经历坏的事

李易峰，内地男演员、歌手、制片人。1987 年出生于四川，毕业于四川师范大学。代表作有电视剧《古剑奇谭》《盗墓笔记》，电影《栀子花开》等。由他首次担任制片人的真人秀节目《一起出发》将于 8 月开机。

如今的李易峰究竟有多红？一组数字就能回答这个问题：2015 年，他有包括《活色生香》《盗墓笔记》《栀子花开》在内的至少 6 部影视作品与观众见面；有媒体称，他的影视身价翻了至少 10 倍，已高达 8 位数；他的微博拥有 2000 多万粉丝，随便一张自拍照下面就有十几万条留言……

见到李易峰是在北京东四环外的一个摄影棚，他正在为某品牌拍摄广告。镁光灯下，李易峰抿嘴微笑，一个动作表情保持了十几分钟，摄影师一边指导旁边的女模特，一边变换各种角度按动快门，周围几十个工作人员将摄影棚围得满满当当。

拍摄结束后，来自韩国的化妆团队立即上前为他简单地整理妆容，紧接着，李易峰无缝连接地投入到我们的采访中。采访前，《环球人物》摄影记者也为他拍摄了一组照片，当女摄影记者小心翼翼地从高台上下来时，李易峰周到地伸手扶住她，轻声说："要小心哦。"

爱聊时政的花美男

让人想不到的是，李易峰和记者的对话是从一篇时政文章开始的。

"前不久，我在飞机上看到你们的杂志，其中一篇关于希腊总理的文章让我印象很深。"

"不当'李政委'这么久，还是很关注时事嘛。"记者开玩笑地说。

李易峰有点不好意思："就是喜欢看。"

熟悉李易峰的人都知道，他曾有一个外号——"李政委"。2008 年，某音乐颁奖典礼上，李易峰发表了一段令人印象深刻的获奖感言："现在是改革开放 30 年，我也希望我们娱乐圈能够让一批新人全红起来，然后去带动整个娱乐产业。我们要从新人开始抓起，两手都要抓，然后要硬抓。"这段颇具主旋律意味的发言，配上李易峰一本正经的表情，惹得网友纷纷调侃他是根正苗红的好青年。后来，他那些关于北京奥运、十八大召开、环境污染的微博纷纷被网友们挖出来，"忧国忧民李政委"的称呼就此传开。有网友开玩笑称这是李易峰的"黑历史"，也有网友说，终于在千篇一律的花美男中看到了一个特别的存在。

娱乐圈向来喜欢将不同类型的人分门别类，贴上标签。李易峰的标签是"小鲜肉"。很多男艺人都愿意和这个词扯上关系，因为它代表着当下娱乐圈最流行的审美标准——年轻、俊美、新鲜、无公害。李易峰却有不同的看法。"有一次，冯小刚导演很严肃地跟我说，以后谁再提小鲜肉，你就跟他急。他说，在古代小鲜肉是很淫秽的词，是消费男色的说法。我也担心观众看多了会反感。可我年纪小，不敢说。"

李易峰完全不用担心观众腻烦。7月10日上映的《栀子花开》是何炅的导演处女作，也是李易峰担纲主演的第一部电影。早在这个暑假档开始前，就有业内人士预测，凭借李易峰如今的号召力，这部电影的票房将毫无悬念。果然，影片上映当天，票房便破亿元。而由他主演的另一部网络剧《盗墓笔记》，单集的点播量高达 2.5 亿次，观众们的热情一度导致该视频网站的服务器瘫痪。很多媒体用"爆红"形容如今的李易峰，他却说，与"爆红"相比，自己更喜欢被称作是"厚积薄发"。

"有人说我太丑了"

演艺圈是一个既看颜值，又不仅仅看颜值的地方。这一点，李易峰比任何人都深有体会。因为外形出众，能歌善舞，李易峰从小就备受女生欢迎。20 岁时，他顶着"国民校草"的头衔，从一档选秀比赛中横空出世。当时没人想到这位美少年未来 7 年的演艺之路会走得如此磕磕绊绊。

2007 年，李易峰发行了第一首单曲《四叶草》。播音主持专业出身的他并没有受过系统的音乐训练，他坦言，以歌手身份出道"是一条捷径"。可惜，成功永远没有捷径可走。初涉娱乐圈的李易峰来不及思考未来的发展方向，也不懂得其中的生存之道。"当时的想法很简单，录完一张专辑就想让公司出下一张，上很多节目，学很多才艺表演。"他后来在书中写道：那时的我很任性，以自我为中心，动不动就发脾气，就像一个很欠揍的小屁孩。

2009 年，李易峰发行了首张个人专辑《小先生》，成绩不尽如人意。"人就是这样，当你一件事不顺的时候，诸事都不顺，好像有一朵乌云罩在头上，做什么事，说什么话，都不对。"出道仅两年的李易峰，还没来得及大展拳脚，就遇到了事业的瓶颈。"比如要发 EP（单曲）了，公司决定先不发，因为觉得我的状态不好。我就承认错误，可我也不知道错在哪里。公司开讨论会，觉得我没有个性，没有特点。我也只好说：'我错了，不该这样。'"那时的李易峰常常失眠，一个人坐在 28 层的房间里，不开灯，看着窗外偌大的北京从夜晚到黎明。

转机来自于从歌手到演员的身份转换。然而，这种改变曾让李易峰不知所措。"开始习惯演员的身份有点难，一个人到陌生的环境里待几个月，很多事需要自己处理，真的会害怕。"从 2010 年开始，李易峰先后接拍了《幸福一定强》《幸福最晴天》等电视剧。2012 年，他在《真爱谎言》中挑战自闭症患者的角色，演技得到进一步磨炼。

尽管李易峰说，他始终相信自己在演艺圈不会是简单的"到此一游"，但也不得不承认，那段沉寂的日子曾消磨掉自己的信心。2014 年，李易峰接拍由热门网络游戏改编的电视剧《古剑奇谭》，出演男一号。

由于之前的游戏已经积攒了大批粉丝，这部剧在开拍前就引起了极大的关注。"有人说我太丑了，根本演不了百里屠苏。我开始怀疑自己，真的吗？难道之前的二十几年都生活在谎言中？大家都是骗我的？我很忐忑，担心不被观众接受。但身边的人一直鼓励我坚持，相信自己。"事实上，《古剑奇谭》是上天送给李易峰的一份大礼，他凭借俊美寡言、性格坚毅的百里屠苏一角，一战成名。

再次回忆起那段沉寂的日子，李易峰释然了很多："这个过程肯定是让人不舒服的，但不要因此害怕经历坏的事情，未来总会给你一个答案。"

像莱昂纳多一样自由地生活

采访过李易峰的记者或多或少都有体会，他并不愿多提过往的经历，不是害怕剖析自己，只是单纯地不喜欢煽情而已。为此他还多了一个"反煽情协会会长"的称号。时间回到8年前，他站在选秀舞台上，话不多，偶尔礼貌性地微笑，不会刻意迎合、讨好任何人，一副高冷骄傲的模样。公布淘汰结果前，主持人问选手们有什么想说的，有人说友情，有人开始掉眼泪，只有李易峰淡淡地回答："没什么好说的。"

如今面对媒体和粉丝，李易峰表现得亲和多了。他可以在微博上与粉丝们一同卖萌搞笑，也可以轻松讨喜地化解掉媒体抛来的难题，在高冷和逗趣之间随意切换。有人说，娱乐圈的摸爬滚打终于磨平了李易峰的棱角。李易峰却说，这是成熟，不是改变。"我找到了舒服的和别人打交道的方式，可以把私下的状态自然地呈现给大家。我是个慢热的人，但我在努力缩短这个过程。"一位喜欢他多年的粉丝这样评价今天的李易峰："他有更加成熟的为人处世的态度，更加严格的自我要求，更加包容地对待伤害，比以往几年更有担当。"

经历过沉浮，李易峰看清了很多事情，也更明白对于艺人来说，好的作品才是硬道理。近两年各种真人秀节目火爆荧屏，业内流传一个段子，称李易峰和另外几个新生代男演员为"PPT 之神"，意思是说，什么节目招商引资，都把他们列在洽谈邀请名单里。尽管如此，李易峰坦言近期没有参加真人秀节目的打算。"好不容易有机会可以拍更多、更好的角色，我想先做好演员的分内工作。不管这个圈子怎么发展，有作品就一定不会被忘记。"

提到未来的规划，李易峰思考片刻："我是一个从小就不喜欢给自己制定计划的人，计划对我来说太刻板了。我希望做一个努力认真，但又随意的人。就像莱昂纳多，我欣赏他对各种高难度角色的挑战，也喜欢他在生活中自由自在的状态。""那为什么会去做制片人？"记者追问。"这是一个学习的机会，等以后颜值不在、体重飘升、头发稀疏的时候，我依然有一项本领可以养家糊口。"李易峰一本正经地说。正当记者诧异的时候，他紧接着补充道："肯定不会有那么一天啦，哈哈。"（文 / 张忆耕）

吴君如，人生半百重新出发

吴君如，1965 年出生于香港，16 岁进入无限电视艺员培训班，1988 年参演王晶执导的《霸王花》系列电影成名，后参演电影 100 多部，塑造的"大笑姑婆"喜剧形象深入人心。2017 年 12 月 29 日，首次执导的电影《妖铃铃》上映。

几年前，吴君如最为人们熟悉的形象是：拿着鸡毛掸子、骂骂咧咧叉着腰，在各种搞笑角色里毫无顾忌地扮丑大笑。如今坐在《环球人物》记者面前，她和当年一样"豪放"，穿大喇叭裤，留根儿根儿立起的短发。对面的摄影师刚举起照相机，她立马把手插进裤兜凹各种帅气的造型。

"好热啊！"是吴君如的口头禅，11 月的北京气温直降零下，她的房间还开着冷气，"我受不了北京极度干燥的气候，待两天就开始流鼻血"。和塑造的角色一样，她很善于聊天，聊着聊着会冷不丁幽默一把，说完自己也乐，开口大笑。采访开始前，工作人员问记者："你不会讲粤语吧？"坐在一旁的吴君如可能意识到，是因为她的普通话太蹩脚助手才发问，就自己先哈哈哈仰头笑了起来。

就在影迷还不时回味着，她在无厘头老港片中的经典角色时，如今52岁的吴君如，已经迈出了演员的围栏，成了一名导演。

有惊悚元素的喜剧电影

其实演员做久了，见过不同导演的工作方式，对片场的事逐渐驾轻就熟，自己就会有当导演的想法。被称为"搞笑女王"的吴君如，也想拍一部喜剧片，她给自己的处女作取了个很无厘头的名字：《妖铃铃》。

吴君如小时候住过香港的烂尾楼，考虑剧本的时候，她灵光一闪想到"不如就拿这个故事打底"。一幢待拆迁的破旧居民楼里，住着4户"怪咖"：妙手回春的中医王保健，奇思妙想的民间发明家夫妇李菊花和金三，过气的古惑仔兄弟阿仁和阿明，还有网红主播娇羞萍。地产恶霸徐大富和徐天雨看中了这栋烂尾楼想收购，拉断电闸水闸500天，假扮成僵尸，驱逐这里的钉子户。房客们向江湖上赫赫有名的"铃姐"求助，之后就有了一连串离奇诡异、逗趣搞怪的故事。"我们天马行空敞开了想，这两拨人能擦出什么样的火花？笑点到底在哪里？"在吴君如看来，做喜剧不是为了找回忆，也不是要表达某个社会问题。"喜剧之所以好看，一定是因为观众被代入到了那个状态，简简单单大笑一场。"

除了有喜剧段子，电影里还有惊悚元素，因为吴君如从小就喜欢《午夜凶铃》《咒怨》。最初她想拍部丧尸片，被监制陈可辛拦下了，后来有了这个"讲无良地产商扮鬼驱逐住户"的剧本，就觉得机会来了。"全世界都有惊悚文化，美剧有《行尸走肉》，香港20世纪90年代最经典的是《我和僵尸有个约会》。我想做这样一部喜剧，在轻喜的剧本里加上了一点点惊悚。"

故事的框架搭成之后，吴君如又把香港与内地的喜剧大咖撮合在了一起。说相声的岳云鹏、演搞笑话剧出身的沈腾、拍段子视频的Papi酱，还有香港"警匪片老大"吴镇宇、方中信，阵容豪华。在预告片里，岳云鹏是一个胖乎乎的"吸血鬼"，沈腾演他爸爸。Papi酱戴着眼镜，穿着邋遢的睡衣。吴君如期待，在港式无厘头里加入内地近几年兴起的喜剧元素，新的玩法也许能出其不意。

为了做好这些"融合"，吴君如两年前开始着手准备剧本。而电影的筹备工作，则可以从10年前算起。这10年，演戏之余，她在香港监制了电影《金鸡SSS》《十二金鸭》，也一直在探索内地的喜剧市场——客串电影《捉妖记》《煎饼侠》，参加喜剧综艺《欢乐喜剧人》，在喜剧选秀节目《笑傲江湖》里当评委，其实为的就是接触更多类型的喜剧形式，了解当下年轻人的口味。

因为语言与文化上的差异，内地观众对她的表现褒贬不一，陈可辛也一直给她泼冷水，"什么想法都有可能失败"。吴君如却丝毫不动摇，"我演了30多年，拍了100多部电影，有了做电影的底气和态度。拍《妖铃铃》，不是机会终于来了，而是有了沉淀、时机到了。"

"我太懂演员的脆弱"

这些年，作为香港电影界的代表人物，陈可辛一直热衷于推新人，也喜欢做监制。他和吴君如相恋十多年，吴君如想当导演拍电影，他自然义不容辞。《妖铃铃》搭实景的时候，陈可辛正忙着给《喜欢你》与《七月与安生》两部电影收尾。3个月后，两人去现场"收景"，站在花2000万元搭成的烂尾楼前，陈可辛看傻了眼。他跟吴君如说："我当然希望每个导演、每个监制心里都有把火，但没想到，你心里的那把火已经烧到这么大了。"吴君如很笃定："你拍《十月围城》造了一座城，我为什么不能搭一栋楼？"

然而，霸气外露的吴君如，当导演拍第一场戏就？了。几个演员演了一遍，她希望再来一次，却不敢吱声。吴君如怯怯地跟身边的监制陈可辛说："不如尝试用你的优雅去可跟他们沟通？"陈可辛一脸不解："你不才是导演吗？"

"第一天就很纠结，因为我太懂演员的脆弱了。以前拍喜剧，导演觉得不好笑，就说'重来'，还是不好笑，'再来'，我常紧张兮兮怀疑自己：演得不好？情绪不够投入？表情太肤浅？一根弦绷得太紧，然后越演越没感觉。做演员的时候我们在片场发脾气、找状态，但当导演我提不出任何要求。就像运动场上的教练训练运动员，上场的不是你，别讲得太容易。"

粗线条的吴君如在片场含蓄了起来。她小心翼翼地跟演员说："不如我演一次给你，不过你不需要完全按照我的想法来。我只是希望，我演这一遍能带给你一些启发，帮你找到自己的节奏。"结果，这种内敛的沟通能让演员放松，反而更高效。"我曾经也是演员，知道该怎样和他们沟通，这是我当导演的优势"。

在片场，吴君如几乎只和陈可辛一个人吵。一个是导演，一个是监制，吵架的话题自然都围绕电影。陈可辛了解吴君如，"她第一次执导跟所有新导演一样，很固执，我刚刚做导演的时候也这样，但很多时候，事情并不是这样绝对的"。有一次两个人为了两句对白吵了起来，陈可辛"放狠话"："你如果不这样，观众不会放过你……你如果不这样，那就后悔一生吧。"吴君如看着他："我也不是小孩子了，我有自己的想法。"

大吵之后，吴君如和陈可辛能回到一个共识上：喜剧很容易被认为是烂片，让人笑比让人哭难多了。"我们一直在想，现在观众的笑点在哪里？陈导每天都在片场把关，总问我哪里好笑，我就一一解释验证。"吴君如打趣："电影里好笑的桥段都归我，不好笑的地方他负责。"

别跟生活较劲，这也是"喜剧精神"

鲁豫采访吴君如时，说她身体里住着两个人：一个是搞笑的，扮丑的；另一个是酷酷的，美美的。吴君如听到想了几秒，点点头，说："两个都是我。"

电影《妖铃铃》中，吴君如出演主角"铃姐"，和当年一样，爆炸头、眯缝眼，在电影里搞怪，不修边幅地大笑。

吴君如刚出道时其实演过淑女。张国荣《恋爱交叉》MV（电视音乐录影带）中的柔情女主角，梁朝伟版《鹿鼎记》里的曾柔，都是温婉的角色。但在与她同期的无线电视艺员培训班中，有刘嘉玲、曾华倩等一批大美女，眼睛小小的吴君如实在不起眼，便被安排去做了一档喜剧综艺。就在吴君如觉得，自己可能将永远与女主角失之交臂的时候，香港喜剧导演王晶看到她在节目里涂黑脸，觉得她颇具潜力，给了她一次与刘德华合拍电影《最佳损友》的机会。紧接着，吴君如拿到越来越多的喜剧角色，从《霸王花》里插科打诨的女警员到《无敌幸运星》里的垃圾妹阿凤……

当时香港影坛风行"玉女"，吴君如走谐星搞笑路线，反而开拓出了一片新天地，由此赢得了"女周星驰"的称号。

穿梭于不同剧组"扮丑"，吴君如常跟自己说："我不算漂亮，但也不是太丑。导演把这些角色给我，肯定是看到了我身上的特点。演员一定要长得很美吗？"她偶尔的焦虑都来自父母。"有时候会想到爸妈，他们怎么看？高高兴兴去看首映，发现我对着镜头挖鼻孔，要怎么开口找亲戚朋友来捧场呢？"不过她还是坚持"挖"，因为这样"角色才更有代表性"。

吴君如不怕为角色扮丑，但她担心这样的形象会将她彻底定型。拍《逃学威龙》系列后，找上门来的都是胖胖的"傻大姐"角色。她第一次想彻头彻尾换一个自己，"可不可以做一个美一点的吴君如？"

于是她息影两年，回归银幕时，剪了短发，瘦了 40 斤，跟着戏路也变了。她演钵兰街上唯一穿男装、剃寸头的女老大"洪兴十三妹"，

1998 年，这部《古惑仔情义篇之洪兴十三妹》，帮她捧回了第十八届香港电影金像奖最佳女主角奖；2002 年，她又增肥 20 斤，出演由陈可辛监制、赵良骏导演的《金鸡》，生动演绎了一个社会底层历经变迁的老妓女阿金，由此获第四十届台湾电影金马奖最佳女主角奖。2012 年，《岁月神偷》中，那个孩子患上绝症却依然乐观的母亲"罗妈妈"，让她在文艺片里大放异彩。

吴君如曾说，演员的生涯是一条抛物线，女演员是吃青春饭的。"30多岁我减肥的时候就在想，如果不退休，以后的路要怎样走下去？"当导演，就是因为希望有更多改变。她跟陈可辛说："我还要重新出发。"

在这个蜕变的过程中，她的微博名一直没变——吴君如大美女。在给影迷写信落款签名时，她也会加上这几个字"你们的大美女吴君如"。

也许是做喜剧的人对生活总会乐观一些吧，吴君如对记者说："有些人越老越怀旧，我好像是倒过来的。年轻的时候喜欢老式汽车、有年代感的手表。但年纪渐长，我反而觉得不要花那么多时间去想从前的事。很多朋友问说，你还记得我们之前做过的这个那个吗？其实很多我都忘了。我说我现在喜欢什么事都向前看。"

"有人问我演喜剧，最重要的是什么？我回答：前一天晚上，一定要睡好。听上去好像是开玩笑，但实际上这真是最重要的事。生活里的很多问题，都没有想象的那么高深复杂。简单点，别跟生活较劲，这个也可以叫作'喜剧精神'吧。"

《妖铃铃》上映前，吴君如给粉丝写了一封信，主题是"时间和电影"。她形容人生是一部超长的电影：有的人过得比较艺术，有的人比较商业；有的人很喜剧，有的人很浪漫；有的电影光芒万丈，有的电影安安静静放完。"人们总是想很多办法去控制进度条，希望它走快或者走慢一点，但最后发现没什么用。为什么要忽略那些可以去追求的故事、桥段、结构和笑点呢？"（文／毛予菲）

白岩松，白说不白说

白岩松，蒙古族，1968 年生于内蒙古自治区。1989 年毕业于北京广播学院（现中国传媒大学）新闻系，1993 年参与创办央视《东方时空》，并推出了《东方之子》等栏目，现主持央视《新闻周刊》《新闻 1+1》等节目。

眼前的白岩松，和电视屏幕上看到的一样，又不太一样。

他的眉头，大多数时候依然深锁着，说话也一如既往地耿直、犀利。但脱下标志性的西装外套，他的情绪似乎更加丰满、生动——满足、赞许、不屑、鄙夷……一个小动作、一个小表情，甚至一声轻轻地嗤笑，都透着浓浓的"白式范儿"。

这么多年，白岩松一直靠嘴活着，也活在别人嘴里。今天有人为他点赞，明天有人对他点杀，落差大到可以发电，让他无处可躲。他也不想躲。虽然明知"话多是件危险的事"，但他也清楚地知道，沉默更加危险。

"没有大国民怎么可能有大国"

《环球人物》： 从 3 月的山东济南非法经营疫苗系列案，到 4 月的和颐酒店女生遇袭，到 5 月的魏则西之死，您怎么看当下热门事件的层出不穷，以及这样的舆论环境给媒体人带来的挑战？

白岩松： 一个热点消失的主要原因，不是它被解决了，而是下一个热点出现了。例如，魏泽西事件还没有很好的解决，新的热点——所谓的硕士生（招嫖）事件又出现了。这个事件还没解决，江苏、湖北等地高考名额的问题又出现了。我觉得一个新闻人如果只纠缠于某一件事情的解决与否，而不是通过一件事、几件事的解决推动一些制度的取消、新制度的建立，就不是好的媒体人。所以，新闻人应该具有足够的定力，不能熊瞎子掰棒子。如果你都乱了分寸，天天陪着大家走马观花，谁还看你的东西？

《环球人物》： 不光是媒体人，大家似乎都乱了分寸、少了定力。是因为人心的浮躁？

白岩松： 可能跟时代背景有关，但也别忘了思考，我们活着到底要得到什么。这个世界是平衡的，有时候你看似得到了一些便宜，但一定在另一方面有所吃亏。

就拿音乐举例。我成长所经历的 20 世纪七八十年代和 90 年代初，是华语流行音乐的黄金时代，有那么多好歌陪伴的青春，穷得很富有。现在呢？能免费下载海量的歌曲，可那又怎样？远不如当初一天听一首歌却听了20遍更能让我热泪盈眶。现在听歌那么容易，一首歌听一遍不入耳，就此打入冷宫，反正还有那么多歌没听过。于是，创作者必须上来就打动你，否则就会被淹没到浩瀚的"垃圾场"中；再于是，口水歌更容易走红，唱歌的人越来越多，可唱得好歌却越来越少。前些年有人问李宗盛，"为什么现在的流行音乐好像很烂？"他回答："音乐是一个时代的反映，什么样的时代对应着什么样的音乐。"这是一个快餐、免费又过剩的时代，钱走得多，心就走得少了。一样的道理，人们从海量信息中得到很多便利，也越来越满足于量，对质却变得很不在意。

《环球人物》：互联网是这种状态的帮凶吗？

白岩松：我觉得不能把原因归到技术上，而且这（浮躁）一定是阶段性的问题。我一直是互联网的坚定支持者，它能让中国人学习怎样和不同的生命并存，学习民主的气息，学习如何当一个公民……刚进入（中国）的时候，它会给人们带来无限选择，但大家慢慢就会发现，自己要的其实没那么多，就会自行过滤。就像现在，跑步的人越来越多，吃肉的人越来越少，这是一个道理。

《环球人物》：仅就现阶段来说，大部分中国人似乎还缺乏信仰？

白岩松：40岁时，我给自己写了12个字，"捍卫诚实、坚持理性、寻找信仰"。当时有人批评我，"作为一个共产党员，你怎么还要寻找信仰"，我只能摇摇头，因为我所说的，不仅仅是作为个体的我的问题，更是一个民族的问题。全世界没信仰的人只有十一二亿，大部分都在中国。

信仰最核心的概念是敬畏，就是你尊敬什么，你畏惧什么。而这个时代最大的问题，就是不知道什么是好的，也不知道什么是底线不能逾越。我有一次坐飞机，有一个人大声喧哗、蹬踏座位，很不礼貌。和他同行的伙伴有点不好意思，劝阻他，他却轻描淡写地说，"这儿谁认识咱啊。"你看，只要周围的人不认识他，他就能做出在熟人面前绝对不会作的出格举动。这就是中国人的两张道德面孔，在熟人面前是全世界最优秀的民族，大方、克制、礼貌、尊老爱幼，甚至会为了抢着买单打起来。面对陌生人呢？就变得自私、急躁、排队加塞、开车乱并线、随地吐痰乱扔垃圾。这两张面孔清晰地告诉我们，虽然中国城市中高层建筑数量世界排名靠前，仿佛已很现代，可实质上我们才刚从小村庄走出不久。真要想走向远方，成为一个大国公民，还要慢慢适应。先让自己有信仰吧，只要有信仰就总不会太差，否则就太可怕了。

《环球人物》： 除了自身完善，这种信仰是否可以通过外力获得？

白岩松： 比如教育改革。想培养出未来的大国公民，现有教育体系内需要添加些什么内容？这个得慢慢思考，着急不来。毕竟这么大一个国家，不可能在一夜之间实现转变，两夜也不可能。

还有道德改革。这需要决策者、执政党更大的勇气。比如，中国人对佛教有天然的亲近感，那么佛教中类似"善有善报，恶有恶报"的文化部分，是否可以剥离出来，成为全社会的道德规范、整个民族的文化基因？

《环球人物》：改变需要政府强力推进，但现在有一种声音，认为公权力滥用正一点点透支着政府公信力。

白岩松：稍微有点历史视角的人就会知道，近20年来，公权力已经被逐渐约束，而不是逐渐放大。改革开放刚开始的时候，任何一件事，出个红头文件马上就能落实。现在呢？你得掰开了、揉碎了，和老百姓无数次沟通，还不一定落地呢。这是一个进步的过程。

当然，公权力得进一步约束、监督，可人们只是一味地反抗、抱怨、推卸责任，却很少自责，似乎忘了公权力也是由每一个个体构成的。我走在路上喜欢观察，有的人完全不顾红灯，噌噌噌地闯过马路，把交通秩序弄得一团糟，可过去之后，他只是站在马路边笑呵呵地等着自己的夫人过来。哦，原来他没急事，只是习惯而已。大家都抱怨交通秩序不好，但政府已经设了红绿灯，你怎么还视若无睹，光顾着抱怨呢？

《环球人物》：习惯了抱怨，似乎让社会情绪更容易被煽动起来？

白岩松：永远不要在寻找答案的时候，试图毕其功于一役。这里面的原因很复杂，比如我们这个民族骨子里的暴力基因。为什么现在中国人的火气这么大，随时可能以暴制暴？那是因为在很多人的认识里，只要目的是正义的，就可以采用不正义和非法的手段。

修改某项法律规定，尚且需要很长时间的呼吁、推动、博弈，改变一个民族内在的认识，更是相当缓慢的过程。比如，法律已经规定"疑罪从无"，这是很大的进步。可现实生活中有几个人尊重这种法律精神？北大朱令案，互联网上、公众舆论中，大都是以"疑罪从有"的方式展开怀疑。中国人大都是"疑罪从有"的支持者。即便出台了某项法律规定，也很难让他们在一夜之间改变。

《环球人物》： *所以我们一边呼唤着更好的东西，一边自己又难以做到？*

白岩松： 这就是为什么我觉得启蒙极其重要。我一直认为，中国从没完成一次真正意义上的启蒙。1919 年的时候（新文化运动）根本不是启蒙，而是救亡的副产品，而且刚进行了一段就因为外敌入侵而中断了。改革开放后的 80 年代也是很好的启蒙时机，也没做到，然后迅速进入到 90 年代，物质、商业充分发展。而如果没有一次像样的启蒙，我们无法完成一个现代国家的蜕变。我们总在谈论大国，没有大国民怎么可能有大国？开玩笑呢！

当然，真正有效果的启蒙，不能再以运动的方式进行，而应该是润物细无声的，改变教育、建立信仰，一代又一代地洗牌、一代又一代地进步。"90 后""00 后"对秩序的遵守要比以前强太多了，最起码我所看到的经常乱穿马路的都是中老年人，也就是"文革"一代。

《环球人物》：所以您觉得这个启蒙已经慢慢开始了？

白岩松：刚有一点苗头吧，但大家还没进入一个整体社会的自觉状态。一步一步，慢慢地来，着不得急。

"不存在敢不敢说，而是该不该说"

《环球人物》：您说话很犀利，大家对您和您所主持栏目的一大印象也是"敢言"，您怎么看？

白岩松：我觉得这本身就是一个错觉。做新闻不是一个练胆的事业，不存在所谓的敢说不敢说，而是该不该说。我相信我骨子里是一个建设者。社会上有很多伤疤，你指出它，自己也会感觉到痛，但又不希望把这种痛仅仅拿出来展览一下，而是希望它能变好。既然如此，就没什么不能说的。另外，我现在就是以志愿者的心态在央视做事，如果有一天不让我做了，没什么，我接受一切后果。很多时候，当你能接受任何后果，可能更容易按规律办事了，结果也就更正常了。

《环球人物》："我承担一切后果"的心态，是从入行第一天就有的？

白岩松：我入行没几天就跟领导拍桌子了。我也问过我们组的一些"80后"，你们为什么不愤怒？为什么没有不同意见？你们真的都同意吗？但我慢慢也能理解了。可能是环境变了，越来越多的人只把新闻当成一份工作，不就是一个饭碗嘛，至于那么较劲吗？不像我们那个时候，新闻是你的命，有你必须要较真的东西，所以才会拍桌子。

《环球人物》： 不少人怀抱新闻理想入行，却慢慢对现实妥协。

白岩松： 所谓理想，如果在遇到挫折后就被打掉，还叫什么理想？很多人顺的时候天天谈新闻理想。真逗！顺的时候还用你谈？难道理想是顺的时候才能谈的事？你告诉我，全世界哪个国家的新闻人不面对一堵无形的墙？我不知道你看过《纸牌屋》吗，两个调查真相的新闻人，佐伊地铁惨死，卢卡斯进了监狱。但你就是爱这一行，没办法。选择一个职业，就意味着选择一种生活方式。

我相信，每个时代都会有人飞蛾扑火地想干些什么。我们可以列举新闻的一系列问题，但我也知道，尤其在中国，新闻有着其他行业所不具有的优势。比如，会让你认识原本没想到会认识的人，到达你原本没想过到达的远方，你也永远不知道明天会发生什么。每一次你觉得糟糕，可能都是这个行业的一次洗牌换水，挺正常的。

《环球人物》： 近些年央视主持人接连离职，也是新闻行业换水洗牌的产物？是以电视为代表的传统媒体受到新媒体冲击的结果？

白岩松： 你真觉得电视落后了吗？《新闻1+1》连续两年是互联网上搜索量、转播量最高的新闻专题节目，只是有的人通过电视收看，而越来越多年轻人通过互联网收看。对我来说，这两种方式唯一的区别可能只在于，我是在55英寸的电视上，还是5.5英寸的手机屏幕上主持节目而已。我觉得我在小屏幕上可能更好看一点，因为清晰度没那么高。

好多人都在议论，"你们台走了那么多人"。可你仔细想想，是离开我们台吗？如果他们离开央视去了另一家媒体，的确可以这么说。但实际上，他们中的大多数是离开了媒体。所以这波浪潮不是离开央视的浪潮，而是离开媒体的浪潮，这是所有媒体人该思考的问题。

《环球人物》： 您怎么看待这一波离开媒体的浪潮？

白岩松： 这很正常。可能是我在这方面比较乐观吧，我觉得这说明媒体生涯让你认识的人多了、见识广了，拥有了巨大的跳槽空间。另一方面，媒体正处在变局之中，大家看不清未来会怎样，因此有一部分人想要换一种活法，还有一部分人想变现，都很正常。第三，可能是现在媒体从业者的成就感不强，媒体已经很难吸引优秀的年轻人了。所以我从来不担心人走，但要是没人来，那可就惨了。我说过，我办东西联大，原以为要办到70岁，现在看来，等哪一届我的11个学新闻的研究生毕业后没一个去媒体，我就该关张了。当然，我相信不会。

《环球人物》： 做新闻近30年，您最大的感受是什么？

白岩松： 某一年新闻中心内部颁奖，也问我感受，我说"当一天和尚撞一天钟"。这个回答可能不太高大上，甚至有些灰色，但我想说的是——身在这里，还没走，就守土有责；到点儿就撞钟，守时，就是敬业；更重要的是，还得把日常工作撞成自己和别人的信仰。偶尔有机会，就用新闻的力量让世界变得更好吧。

"有几个互联网人拥有我这么大的话语权"

《环球人物》：作为标准的"国脸"，您的日常生活是不是也会受到影响？碰到这种情况通常怎么办？

白岩松：我和家里人聊天，说到任正非在机场排队打车，很多人私下议论，觉得这是在作秀、浪费时间，我说我就特能理解他，他觉得这样舒服！

我不太明白，一些外在的东西为什么被大家看得这么重。我从来没有经纪人，外出参加活动也是该坐地铁就坐地铁。你眼镜一摘，帽子一戴，再戴个口罩，谁会认识你？这年头在地铁里，大家都在看手机，你觉得有人看脸吗？也有很多人、很多媒体想要解读我，可说来说去，无非省钱、低调、接地气，都解读错了，大家都没从自由的角度去思考问题。如果有经纪人，外出也有司机接送，就意味着我要照顾更多人。但自由对我来说才是最重要的东西。

《环球人物》：不开微博、不用微信也是因为要自由？就没有通过自媒体表达自己的冲动？

白岩松：从来没有。微博里、朋友圈里有价值的东西，即使不去看手机，绕了一圈还是会回到你的眼前，跑不掉。既然能知道，我干吗还要在微博、微信上浪费那么多时间？你仔细看看现在的朋友圈，大家都在秀自己是怎么活着的。可一个人如果连自己怎么活着都不知道，天天看人家怎么活着干吗？连吃顿饭都告诉我，去哪儿旅游我也都清楚。别介啊，您忙自个儿的事去。

而且，5 年前你一定觉得微博实在太牛了，现在最火的却是微信。你能告诉我微信之后流行什么吗？我不知道，但我知道一定有别的东西，我跟不过来。更关键的是，每个人都有自己的生活方式，而这不是我的生活方式。

《环球人物》：您的生活方式是什么？

白岩松：活成自己就蛮好。我需要有我自己大量的时间，看看书、听听音乐、踢踢球、朋友聚会、喝喝酒、做节目、发发呆，不挺好吗？所有好的创意，都是在发呆时诞生的。互联网拿走了无聊，也拿走了伴随着无聊的那些伟大的东西。只要觉得无聊，人们下意识地就会拿起手机。这样没有任何闲暇时间，你一定不会有创意。

《环球人物》：也没有创业的冲动？

白岩松：你忘了吧，20 多年前我就完成过一次大跳槽，从广播跳到了电视。而且从今天看来，踩得还算准。人这一辈子，不需要总是创来创去。创业得有一个动力啊。我呢？非常遗憾，挣钱现在对我来说没有任何驱动力。而一旦你对挣钱没那么强烈的欲望，别人想要说动你就非常难了。这一路上，想挖我的人不少，我前两年还心动了一下，这两年心都不动了。

《环球人物》：心如止水了？

白岩松：也谈不上。我依然好奇有没有新的玩法，有没有好的东西。

但起码现在没有。你告诉我，离开央视，我该去哪儿做新闻？互联网？互联网只有编辑。而且，有几个互联网人拥有我这么大的话语权？

《环球人物》： 您最近在读什么书？

白岩松： 我们家最近在集中看有关中东的书，比如《我的应许之地：以色列的荣耀与悲情》《耶路撒冷三千年》。另外我自己刚看完几部长篇小说，比如《极花》《南方》。我觉得《南方》的布局很巧妙，甚至写到一个已经死了的人，想象自己的灵魂在即将飘散之前，浮在天空中观察身边的人对自己的议论，等等，写得很有意思。

《环球人物》： 感觉您的涉猎特别杂。

白岩松： 看书是活着的需求，不是做新闻的需求。很多人问我，你是不是当了主持人才爱看书？我倒觉得应该换个角度看，一定是因为我比较爱看书，才莫名其妙当了主持人。不管干什么职业，读书一定都是我的生活方式。

我的阅读有 3 个层次：每一天，为了找选题，我要读很多报纸杂志，也要浏览大量互联网信息；等确定了晚上要直播的选题，我会定向看相关的内容；最重要的一层，我有大量的、和这个时代无关的阅读。

我还是个杂志控，只要在北京，没有一天不逛报摊，对北京报刊亭的布局变化，也都很清楚。比如这个街口（指着窗外），原来有一个报刊亭，后来拆了；那里原来也有一个，挪位置后人流量小了，也就不认真开了。我对朝阳区意见大了，因为他们把报刊亭都给弄没了，这不是直奔没文化的方向去吗？难道一个城市为了干净就可以这样？如果干净了却不适合人类生活了，干净有什么意义吗？我很纳闷。

"只有不可再生矿才会被掏空"

《环球人物》：中国男人很少沟通中年危机的问题，但很多人都觉得自己有一种被掏空存货的透支感。

白岩松：我反而觉得中年是最佳状态。所有人都在谈论青春的美好，在回望时，将所有青春的不快、挣扎都遗忘了。但我不健忘。青春就像沼泽，难道不是吗？今天失望、明天希望、后天绝望、大后天又希望，有无数个第一次要考验你。我经历过这种日子，很知道这是一种什么状态。如果你问我，会不会选择再去过这样的日子？我不会。

另外，我从来不喜欢"掏空"这个词，它反映了一种很糟糕的生命状态——年轻时，你做了一定的储备，不管是身体的健康还是精神的健康，等它们一点一点消耗掉，你发现自己被掏空了。要知道，只有不可再生矿才会被掏空。你为什么不让生命成为不断再生的过程呢？我快50岁了，至今还在踢高强度的足球，绝大多数二三十岁的年轻人在10米之内想拼掉我还很难，就是因为我坚持锻炼，从不间断。

《环球人物》：您20多岁时写过一篇《渴望年老》，现在还渴望年老吗？

白岩松：我现在该写《渴望年轻》了。其实，一个人的座右铭和想法，通常体现着他对自己未曾拥有的东西的渴望。就像20世纪80年代，我刚上大学的时候，班上 2/3 的人都把"走自己的路让别人去说吧"当成座右铭。大家之所以喜欢这句话，就是因为现实中都在走别人预设的路。而现在之所以流行说"生活不只是眼前的苟且，还有诗和远方"，也是因为大家都苟且着，没有诗和远方，它才会触动时代的痛点。我也是如此，年轻的时候当然渴望年老，但是当年老已经成为一个不可避免的事实，我当然会渴望年轻。人生就是这样一个动态、平衡的过程。

《环球人物》：抛开个体的流动性不提，截取整个社会此时此刻的横截面，当红的"90后"小鲜肉、渐成主心骨的"70后""80后"、八九十岁的学术大家并存，您作为夹心层的"60后"，会觉得尴尬吗？

白岩松：我年轻的时候是玩短跑的，学校百米接力的纪录都是我和几个同学一起创造的。但现在我玩长跑，每周要跑 5 次。长跑的时候，你通常不会在意谁突然跑得比你快。你一直在跑，这是最重要的。

有时候，旁观者会为你担心，那是因为他们把变化的东西看得太重了。刚才理发的时候我还在想，千百年来，人类不变的东西其实只 3 样，生老病死、喜怒哀乐、柴米油盐酱醋茶。年轻人总是会产生错觉，似乎这个世界天天在变，但到了我这个年龄就会知道，很多东西变的只是外表。互联网改变了这些吗？并没有。它只是为它们安装了一对新的翅膀而已。互联网医疗不也是生老病死的一部分？各种表情符号不也是喜怒哀乐的一部分？淘宝解决了多少柴米油盐酱醋茶的问题？所以我经常提醒年轻人，不要被变化搅得太乱，到最后会忽略不变的东西是什么了。让每个时代里优秀的人更优秀，是因为他们抓到了对不变的东西的渴求。

人们对不变的东西是有永远的渴求的。

《环球人物》：您在坚守那些不变的东西？

白岩松：坚守这种词太没意思。坚守必死，因为这说明你已经不喜欢了。你看中国足球，总说"坚守就是胜利"，却从来就是失败。还有拯救，也一般都拯救到博物馆去了。有很多传统说法，其实不一定对，甚至可能是很危险的。

只能说，我永远对此时最关注。回望过去，当然你会有很多感慨，也有很多留恋的东西，但那又怎样？将来还很远，活着的状态就是此时此刻。每个人对生命流动过程的看法并不相同，有的人对此时此刻满意，有的人则心存不满，到最后，前者一生快乐，后者则一直生活在痛苦中。要我说，第二个人亏死了，你干吗不喜欢此时此刻？我70岁的时候一定觉得70岁是最好的。

《环球人物》：甚至不会有关于此时此刻的困惑？

白岩松：我相信回到每一个朝代，包括你认为的盛世，比如贞观、康乾，知识分子一定也在茶馆里、酒馆里忧心忡忡地谈论一些事，因为忧心忡忡是知识分子的使命。

但岁数大一点的好处就是，你终会明白，终极目标永远不可能实现。永远不要相信一旦得到了什么东西，你就能从此过上幸福的生活，那是童话的结尾。就好像你永远会畅想，忙完这件事我就解脱了，可刚忙完不到半小时，电话响了，下一件事又来了。这就叫"计划没有变化快，变化没有电话快"。当你慢慢明白了这些道理，就会变得心平气和、为而不争，去做该做的事情，但不强求某个结果。你说人类社会将来有一天会一切和谐吗？坦白说，门儿都没有。但门儿都没有是否会妨碍你去追求这样一个目标呢？我觉得不会。人还是要为希望和梦想使劲儿的。如果人类有一天真的失去了好奇、梦想和希望，那就完蛋了。（文／肖莹）

杨澜：女性是"更高级"的生物

杨澜，1968 年 3 月 31 日生于北京。中国电视节目主持人、媒体人、传媒企业家、慈善家。阳光媒体集团主席和阳光文化基金会主席。第十届、十一届、十二届全国政协委员。1990 年至 1994 年担任中央电视台《正大综艺》节目主持人，并于 1994 年获中国第一届主持人 " 金话筒奖 "。加盟香港凤凰卫视后，开创中国电视第一个深度高端访谈节目《杨澜访谈录》，截至 2014 年已访问过全球 700 余位人物，在全球华语观众中具有较高美誉度。2013 年 5 月在纽约佩利媒体中心被授予女性 " 开拓者 " 荣誉，成为首位 MAKERS 项目 " 开拓者 " 奖项的非美国本土获奖者，以及被福布斯评为全球最具影响力的 100 位女性之一。

杨澜的确对女性话题充满热情。从外婆的人生经历到身为母亲的自己，从"80 后"女性的新角色到中国女性地位的国际化比较，她似乎自带话题生成功能，与两名《环球人物》女记者相谈甚欢，三句话不离"女人"。

幸福力的觉醒从了解自身开始

杨澜近几年忙的事情，也和女人有关——天下女人国际论坛到 2016 年已是第三届。决定创办这个论坛时，她的想法很直接："我受够了只有女人聚在一起谈论女人的封闭方式。更何况在这个世界上，任何一种性别都不可能封闭在自己的小圈子里，不和异性接触。只有当性别平等真正地成为一个社会话题，只有让男人和女人在家庭、职场和社会上成为真正的伙伴而不是对手，才可能共建一个性别平等、包容的社会。两性之间并不是只有战争。"

她于是凭借此前积攒的丰厚人脉，将来自世界各国、各个领域的知名人士邀请到女性话题的讨论中。2016 年，包括澳大利亚前总理陆克文、英国驻华大使吴百纳、SOHO 中国董事长潘石屹、联想集团董事长兼 CEO 杨元庆在内的各界精英，会从公共政策、企业文化、人生伴侣这 3 个方面，与来宾探讨如何让两性成为真正的合作伙伴、如何促进女性个体的成长与社会的进步。

《环球人物》：您对女性话题的关注，是从何时开始的？

杨澜：2005 年开办谈话节目《天下女人》的时候，我只是单纯地想做一个好看的电视节目，讲讲女人的故事，但做着做着就发现，女人的故事太精彩了。这种精彩，不仅仅局限在作为传媒内容的讲故事层面，还有对生命价值的关照。每一个"她"都自带许多潜能，也应该有机会实现自我的成长。而我们要做的，就是为她们提供更广阔的视野、更丰富的社交圈，以激发她们的这种潜能。我觉得我很愿意，也能做好这件事。

现在，围绕领导力、幸福力两个重点，"天下女人"已经慢慢被塑造为女性自我成长的学习与分享平台，一个女性社区。我叫她"Her Village"，就是"她的村庄"。圣雄甘地曾经说过，"无论世界多大，它只是一个村庄；无论村庄多小，它也是一个世界"。

《环球人物》：说到"幸福力"，您怎么理解女人的幸福力？

杨澜：2009年，为筹备"天下女人"的年度活动，我开始琢磨，女人到底最关心什么？我仔仔细细观察了身边的男男女女，最后发现，原来男人最关心的是成功，女人最关心的是幸福。我当时就断定，女人是发育得更充分的生物。因为成功只是一种社会价值的认定，男人追求成功，是想让社会承认自己的价值；幸福则是一种综合的生命感受，女人关心幸福，是对生命有更完整的认识。

但我又听到太多女人感慨，"要是有一天我遇上了白马王子，我一定很幸福""要是能买下那套房，我就能过上幸福的生活了"。如果幸福是有条件的，一旦这个条件没有实现，你岂不是很悲惨？生活中，没有任何一个人有责任给予我们幸福，我们自己才是那个幸福的来源。所以只有当你的内心足够丰富、坚定，才能产生这种幸福的力量，进而吸引那些与你志趣相投的人进入你的生活。有句话说得好，不是找到对的人，而是你先成为对的人，然后才能吸引到对的人。

《环球人物》：*如何才能获得幸福力，让人生更加绚烂？*

杨澜：一个人幸福力的觉醒是从对自身的了解开始的。你首先得意识到自己是个不可复制的个体，并努力成为真正的自己，不必为了讨好别人、满足别人的期待而假装成为另一个人。在我们的幸福力课堂上，就经常有一些中年人哇哇大哭，"我发现我过去都在为满足父母的愿望而活，根本不是为自己活着"。这其实是好事。只有当你认识到了问题的存在，才有机会去面对它，然后做出调整。

中国女性受教育程度高但上升空间小

"过去20年，一些记者总喜欢给我贴上所谓成功女性的标签，然后问我，'你怎么平衡事业和家庭'。我实在特别厌烦这一点。"杨澜打心眼里觉得，这个问题一定是男人、女人都要回答的，而不能仅仅针对所谓有事业心的女人。

于是，每每有机会采访男性企业家，她总会冷不丁地问一句："您怎么平衡事业和家庭？一周大概有几天回家吃饭？"最初，这些企业家总是一脸错愕地看着杨澜，仿佛在问："这是我应该考虑的问题吗？"但慢慢地，越来越多的男人意识到，自己并不只是挣取功名利禄的工具，陪伴孩子也是自己很重要的权利，能给自己带来幸福和快乐。"依托于这种意识的觉醒，女人们获得了越来越多来自伴侣的支持，也有更多机会成就自己。"

《环球人物》：从世界范围来看，中国女人的幸福力处于什么水平？是否还有很大的提升空间？

杨澜：对比大多数发展中国家和发达国家，中国女性的经济独立大概是做得最好的。她们大部分都有稳定的工作、独立的经济收入，并因此获得了相应的社会地位与认同。另外，中国女性的受教育程度也和男性差别不大。

至于女性在各领域进入中高层、决策层的比例，中国还相对较低。在参政议政方面，女性全国人大代表、政协委员的比例到 2013 年才达到 23.4% 和 17.8%，而在很多发展中国家，不会低于 30%。很多本土企业中，女性一旦成为中层就很难再有上升空间，我觉得这很不公平。

《环球人物》：不少人觉得女性的优势在于细腻的情感和敏感的直觉，而非理性的管理，不适合从事管理工作。

杨澜：这种认识是对女人智力的极大局限。我最近在读英国女作家玛丽·沃斯通克拉夫特的《女性权利之辩护》。她在书中对卢梭的"女性不需要理性教育"的观点提出批判，认为若不是长期以来鼓励年轻女性将注意力集中于美丽与外表以取悦男性，女性将取得更多成就。这种观点，在今天的中国也能轻而易举得到印证：中国有近 40% 的航天工程师是女性，有 1/3 左右创业者是女性，全球前十名白手起家的女富豪中更有一半来自中国大陆。在科技、商业这些传统上比较注重理性思维、逻辑思维的领域，女性表现得一点都不差。

今天，人们都在讲创新，而创新离不开平等、多元的思想碰撞。所以我们必须重视男女思维的差异性，有了这种差异，他们组成一个团队时，才可能碰撞出火花。那些跨国大企业就很聪明，他们几乎都设立了 Diversity & Inclusion（多元及包容）委员会，帮助女性在企业中争取更多发声的机会，让她们拥有更顺畅、平等的上升通道，甚至要求女性在最高决策层中占有一定比例。相反，那些没能真正激发女性创造力的企业是愚蠢的。

《环球人物》：我们是否终有一天会进入女性生产红利时代？

杨澜：人们一直充满希冀的"她时代"，就是女性生产力的红利被充分释放的时代。有预言称，21 世纪有 3 种决定性的力量正在改变世界，简称 3 个 W，它们分别是 web（互联网）、weather（气候）和 woman（女性）。联合国做过一个调查，如果女性生产力被充分释放，将促进全球经济总量不小于 12% 的增长。所以"她力量"是一种尚未充分释放出来的生产力，更是世界可持续发展的保障。

获得幸福力就需要有勇气去改变

每个人都有自己的偶像，杨澜的偶像，是她的外婆。2011 年，她受邀主持在旧金山举行的"APEC 女性与经济论坛"时，就以外婆的故事开场——

外婆出生于 1911 年辛亥革命期间的浙江绍兴。17 岁那年，为了躲避包办婚姻，这个不识字的农村少女只带了个小小的包袱，深夜出逃。一路上，她东躲西藏、风餐露宿，终于来到上海，进入一家手帕厂做缝纫工，赚钱养活自己。她不甘心成为命运的奴隶，渴望自由、渴望追求自己生命的独立价值，这是怎样一种勇气！

杨澜的这番开场，赢得了在场所有人的掌声。国际货币基金组织总干事拉加德拉着她的手说："澜，你讲的这个故事太让我感动了。"

《环球人物》：外婆的故事，对今天的女性而言，意义是什么？

杨澜：女性对自由与平等的追求，不是孤独的自我奋斗，而是一代又一代人的接力奔跑。虽然每一次努力的突破不一定太大，但一代一代传承下来，就会换来社会的改变。举个很简单的例子，你今天可能会觉得女人上大学是一件理所当然的事，但几十年前，一定是家族里的男性后裔优先享有受教育的权利。如果没有一代又一代女性的挣扎，就没有我们今天的理所当然。

《环球人物》：到今天，您对哪个女性群体的现实关注最多？为什么？

杨澜：我关注女性话题的这 10 年，正是独生子女的一代，也就是"80后"迅速成长的 10 年。她们从初出校园时的青涩少女变成各行各业的中间力量，并逐渐进入组建家庭、成为人母的人生蜕变期。我对她们特别关注。

这一代女性来势很猛。她们突破了此前几代女性的生活惯性，获得了前所未有的受教育机会，眼界也空前开阔，而充分的信心和实现自我的强烈愿望，又让她们有着很强的内在动力。她们同时也承受了空前的工作压力、生活压力，职业竞争、赡养父母、哺育子女、买房供房……她们常被压得喘不过气，只能把自己当男人使。

当然，随着互联网时代的到来，她们的生活中突然多了很多帮手。包括打车、点餐、家政在内的一系列社会服务，正以一种更低廉的成本、更方便地连接方式进入她们的生活，使她们的生活变得相对容易一些。这在过去几乎是不可想象的。

《环球人物》：堆积的压力常使女性恐于改变，进而使她们的生活趋于固化。这样的她们怎样获得幸福力？

杨澜：改变的确是有风险的，而对这种风险的恐惧正是女性获得幸福力的最大障碍之一。拿我自己来说吧，1994 年我决定到美国留学的时候，很多人问我："你在央视干得那么好，怎么突然就辞职了？是已经做好了某种人生规划吗？"说实话，我当时真不知道未来会怎么样，只知道自己不想怎么样。我的内心有一种很朦胧，却十分强烈的愿望，要打破即将被固化的命运，寻求人生的另一种可能。对我来说，这种冲动足够强烈，能让我放弃已经得到的东西。

在我采访过的人物中，特斯拉电动汽车的发明人伊隆·马斯克曾说："谁喜欢失败呢？失败是可怕的。但如果你不敢冒任何风险，就意味着你不过在做一件稀松平常的事！"所以，为什么不趁着年轻的时候，为了钟爱的事情去冒点我们有能力承担的风险？毕竟我们都想要成为更好的自己，拥有更丰富的人生。

看似水流年，愿人生繁盛

"要成为更好的自己"，成了如今杨澜经常挂在嘴边的一句话。但她也知道，没有任何一个个体的成长是完全独立的。

《环球人物》：您在新书《世界很大，幸好有你》中提到，"最好的关系是让双方都有机会成为更好的自己"。您从婚姻中获得的成长又是什么？

杨澜：我的先生吴征，是那种真心希望我能成就自己的人生伙伴。有事业心的男人，通常都希望妻子跟着自己的脚步走——我疲惫的时候你能给我倒上一杯热水，我回到家你已经准备好饭菜。可我先生居然没有提出任何类似的要求！当然，也可能是他对我已经放弃了，哈哈。

大多数时候，他会鼓励我。当我挣扎于做主持人却不能把握节目品质的时候，他鼓励我学习当制作人；当我决定回国发展的时候，他放下美国的生意陪我回国重起炉灶。2015 年《杨澜访谈录》在尤伦斯当代艺术中心举办了 15 周年展览，对采访过的近 800 位人物做了总结和梳理，他很甜蜜地对我说："我以你为骄傲！"这种生活上、心理上的支持，让我觉得自己非常幸运。

当然，每一个职业女性都会遇到外在责任与内在责任发生冲突的时候。记得 2009 年，我正在制作《世界看东方》的国际政要系列采访，好不容易约到 9 月初在美国前总统老布什的祖屋里对他进行采访。但就在出发前一个星期，我的婆婆在上海去世了。

虽然我们陪伴她走过了生命中最后一段日子，也按她的意愿将后事安排得很妥当，但我马上就要到美国去准备老布什的采访，孩子们也回到北京准备开学的事情。所以我先生只能一个人留在上海。事后他曾经不经意地提起，说那几个夜晚，他都彻夜难眠。我突然就觉得心里酸酸的，当他最需要我的时候，我没能陪着他，让他那么孤独地沉浸在痛苦之中。

《环球人物》：在母亲这个角色上，是否也有类似缺憾？

杨澜：我肯定会错过一些东西，比如我的孩子将来肯定记不起妈妈做饭的味道，因为我几乎从来没给他们做过饭，只是领着他们一起做过三明治和寿司。女儿 2015 年初中毕业，我也因为要去洛桑做冬奥会的申奥陈述，错过了她的毕业典礼。

但我觉得，每个母亲都有和孩子相处的独一无二的方式。我可能在生活上没有给予他们太多的照顾，但我们在情感上的沟通还挺亲密的。比如，他们谈了男女朋友会第一时间告诉我，听听我对这个人的看法。我觉得这是莫大的信任，说明在他们心里我是个比较开明、能倾听的母亲。我还带他们去看很多展览、戏剧，他们读过的书我会去读，我读过的书也推荐给他们，然后一起分享读书感受，这也是一种情感的、精神的共鸣。

为了充分挖掘孩子们的潜能，其他妈妈经历过的纠结和挣扎我也经历过。我儿子 5 岁的时候，我曾经逼着他学钢琴，我们两个都经历了苦不堪言的几年，直到有一天他对我说"妈妈，我想把钢琴砸了"，我才意识到不能把自己的意愿强加在孩子身上。我们通过谈判决定，他只要通过钢琴4级考试，就可以自己选择是否继续练钢琴。没多久，他果然以优秀的成绩通过了考试，从此不再摸钢琴。我好心酸啊。上了中学后，他倒是成天戴着耳机听音乐，有时候还慷慨地和我分享，我这才发现，敢情人家喜欢的是电子乐！

所以，不用太苛求自己。这个世界上，没有所谓完美的母亲，孩子们的个性也不一样，只要他们能健康成长，为人正直、人格健全就挺好。

《环球人物》：所以抛开那些细枝末节的缺憾，您觉得自己是一个特别幸福的人？

杨澜：当然。说起幸福，英文里有3个不同的词和它对应，这也恰好能帮助我们更好地理解"幸福"的不同层面。Happiness（快乐）是一种情绪，它可以是你特别开心的时候哈哈大笑；Well—being（安宁）是一种状态，比如身体的健康、心境的平和；Flourishing（繁盛）则是动态的，代表着人生不断成长、不断绽放的过程。繁盛这个词很时髦，用在这里也特别合适。发现幸福、理解幸福、学习幸福，我们每一个人都可以期许：看似水流年，愿人生繁盛。（文／肖莹　刘雅婷）

黄轩，最想做痴癫狂的白居易

黄轩，1985 年生于兰州，2008 年毕业于北京舞蹈学院音乐剧系。2007 年，在剧情电影《地下的天空》中饰演男主角，正式进入演艺圈。代表作有《推拿》《黄金时代》《芈月传》《红高粱》等。2017 年 12 月，由其主演的《芳华》《妖猫传》《海上牧云记》均成为爆款作品。

不论到哪儿拍戏，黄轩都带着笔墨纸砚。他的这一习惯始于 2007 年，父亲的突然离世让他几近崩溃。他整日酗酒，喝醉了就在北京午夜的大街上大哭。有一天宿醉后，他忍着头痛在街上溜达，路过一个文具店，店里正在处理文房四宝，他花 20 块钱买回一套。

回到家，他坐在桌前写了一下午，"横竖撇捺照着比画，心和神都凝聚在笔尖上，慢慢就找到了内心的宁静"。后来，写字成了他生活的日常，他也练就了一种本领：无论外界多喧哗，他都能旁若无人地铺开宣纸、研开墨汁，安安静静地写字。

久而久之，黄轩的身上有了一种安静、低调的文人气质。正是这种气质吸引了两大导演——冯小刚和陈凯歌，前者让他演《芳华》中文工团里的"活雷锋"刘峰，后者将他放逐在大唐盛世，饰演《妖猫传》中诗人白居易。两部电影在 2017 年 12 月接连上映，加上正在热播的《海上牧云记》，黄轩被推到了舞台中央。人们热情地解读着他，无论是作品里的角色，还是现实中的本人。

这是演员黄轩的黄金时代，有人说。身处其中，黄轩从容应对着正在发生的一切，也时刻进行着自我审查和检视，"我不希望自己变得圆滑，每当有这样的苗头出现，我都会在心里抽自己一巴掌。"

陈凯歌说："我选他选对了吧！"

因为《妖猫传》，黄轩和白乐天（白居易，字乐天）这个角色相处了 5 个月。电影中的白乐天，是皇帝身边的起居郎，执着于写《长恨歌》。玄宗死后，他和从日本来的僧人空海相遇，卷入 30 年前杨贵妃之死的谜案中，之后两人一起寻找真相。

电影自 2016 年 8 月开拍，他在 7 月底就开始焦虑：能不能演好这个角色？和导演的想法是否一致？能不能把想象的都表现出来……他问导演陈凯歌自己需要准备什么，对方给他开了一个书单，从《白居易诗词选》到王国维的《人间词话》等，"体会那时那刻诗人的心境和意境"。

黄轩每天都带着书去片场，一停下来就读书。除导演推荐的书，他还找来《莫扎特传》来读，"他和白乐天有点儿相似，都是一心扎在自己热爱的世界里。生活中不是儒雅的状态，有些古怪，甚至癫狂。"收工回到酒店，他会倒点小酒，放上音乐，拿出笔墨纸砚，画画、读诗、写诗。

陈凯歌是一个对表演很苛刻的导演，几乎每个镜头都是一点点抠出来的。黄轩记得当时布置白乐天的住宅，陈凯歌对美术指导说："屋里不能太规矩，他就是一疯子！"

"我演的是一个年轻状态下的诗人，他有一点痴、一点癫、一点狂。"黄轩对《环球人物》记者说，他用"超过100度沸腾的水"来形容白乐天的极端。比如为了写一首诗，他甘愿去做一个观察皇帝生活起居的闲职——起居郎；又为了写诗，他可以毫不犹豫地辞官；他带着空海偷偷溜进天子藏书楼，大言不惭地讲"说是我的也行"。

定位好角色，黄轩心中的焦虑并没有完全消除，"需要在戏中准确地释放出人物应有的情感，不能多，也不能少。"他说。有一场戏，演的是白乐天梦想破碎那一刻。在他和空海的追寻下，杨贵妃死亡之谜渐渐露出真相。空海跟他讲玄宗和贵妃的爱情是假的，他一下子陷入崩溃中——自己耗尽心血去写《长恨歌》，没想到可能是一厢情愿的假想。

拍这场戏前，黄轩每天晚上躺在床上，翻来覆去睡不着。3天下来，整个人疲惫不堪。拍的那天，他一到片场就和周围的人隔离，自己待在一个特别黑的角落。"就安静地待着，一言不发，心里不断地催眠自己'我就是那个崩溃的白乐天'。"

第一次演时，他对着空海大吼："我可以一辈子活在李白的阴影里，但你不能说我的《长恨歌》是假的！"因为入戏太深，他哀恸到站立不稳，甚至有些精神恍惚。眼见如此，导演说回去再体会体会。第二天，他调整好状态，这场戏一条就过，陈凯歌对身边人说："我选他选对了吧！"

《妖猫传》杀青后，紧接着他便转场到《芳华》剧组。但很长时间，他都无法从"白乐天"中走出。2017年5月的最后一天，他发了一条微博："真想活在这部电影（《妖猫传》）里。"

"那个时代的松弛和自由，让人留恋。任何事情都可能发生，任何性情的人都可能存在，而我又极其想成为白乐天那样的人，豪放、洒脱、痴狂，还那么孩子气。"黄轩说。

被选择和等待

人自然不能总活在戏中。时间往前拨几个月，2017年9月24日，距离电影《芳华》上映还有5天。剧组在上海举行发布会，宣布电影延期上映。编剧和几位女演员都在台上暗自落泪，导演冯小刚也没忍住，几度失声："在我心里，这是一件挺悲壮的事儿。"唯有黄轩坐在旁边，没哭也没说话。

而在此前，他主演的《海上牧云记》也没有如期播出。有人为他打抱不平，他却一笑了之，"好多事情你控制不了，何必去苦恼？想也没用。演员这个职业的特性，就是被选择和等待。"

黄轩经历过太多次的被选择和等待

2004年，他刚到北京舞蹈学院读书，赶上《满城尽带黄金甲》剧组到学校选角，意外被选中演片中的小王子。后来等影片开拍，他才知自己被换了下来。4年后，他出演娄烨导演的《春风沉醉的夜晚》，40分钟的戏最后被删得只剩一个背影。

2009年几乎是黄轩最灰暗的一年。原本定好主演《日照重庆》和《海洋天堂》，在最后关头又被临时换角。一连几次的换角，让黄轩开始怀疑自己是否适合演员这个职业。

那一年，他跟着电影《成都，我爱你》剧组去参加威尼斯电影节，看到周边许多电影人都带着自己的作品，侃侃而谈，他觉得很失落。电影节结束后，他没有直接回国，在巴黎游荡了10多天，经纪人给他打电话，让他回国拍《无人驾驶》。犹豫许久，他才又鼓起勇气回归演员之路。

"我无法放弃演戏。在戏里我可以肆无忌惮地抒发自己的情感，过不同人的人生。"黄轩说。接下来的几年，他陆陆续续演了不少戏，但几乎每次出现，人们都拿他当新人谈论，过后很快又被喧嚣的娱乐圈遗忘。

直到2014年，还是娄烨，找他演《推拿》中的盲人按摩师小马。这是黄轩演艺生涯中很重要的一个角色，很多人认识他都是从小马开始。

小马在幼年时遭遇了一场车祸，失去母亲的同时也失去了视力。为了演好小马，黄轩先到南京盲校体验生活。他每天把自己的眼睛蒙上，和盲人们一起吃饭，一起学推拿，用手去触摸盲文。在剧组拍戏的3个月，娄烨没有给他讲过戏，全靠自己体会。

有一场戏是小马复明，拍之前黄轩去问娄烨："导演，这场戏怎么演？"娄烨摆摆手："我怎么知道？你就是小马，还来问我？"经过多番琢磨，他最终真的和小马合二为一，演出一个盲人在重见光明后情绪变化的全过程：从不确定到摸索，再到近乎疯狂。

他的表现让周边人感到意外，摄影师曾剑之后回忆说："我扛着摄影机追着他跑了好几百米，一直冲到车水马龙的大路上。"而在平时，黄轩给他的印象是安静，经常躲在一个角落里，独自默戏。

凭借这一角色，黄轩入围2014年柏林电影节最佳男演员奖。最终虽未获奖，但作为评委的梁朝伟告诉黄轩：在柏林影帝的竞争中，直到最后时刻，他都在评审团的选择范围内。

同年，黄轩还演了《黄金时代》里的骆宾基，电视剧《红高粱》中女主角九儿的初恋情人张俊杰。这一年，成了他演艺生涯的转折点——几乎有大半年人们都在谈论黄轩，尽管他不是新人，入行已经7年。

此后，他演《芈月传》里的黄歇，《翻译官》中的程家阳，《女医·明妃传》中的明代宗朱祁钰……黄轩这个名字，已经被人们记住了。

在独处中认知自我

2017年12月初，黄轩给自己放了一个小长假，去了一趟印度。他每天坐在恒河边发呆。恒河岸边有一个露天的火葬场，火24小时都在燃烧，有人把烧完尸体的木料扫进河里。某日太阳落山，看着一群鸟飞过河面，他拿出手机拍了下来，照片上有夕阳的余晖，有鸟，还有一条木船。

他也爱看热闹的街市。有时在小巷子里走着走着，几头牛就冲了过来，没有人管，因为牛被印度教教徒视为"圣兽"。这些不一样的生活方式，不断地冲击着黄轩，让他总有一种穿越的感觉。

黄轩喜欢这样独处，可以安静地观照自己和所处的世界。因为父母离异，他从小就没有安全感，常常独自待着。他记得上中学时，宿舍门前有三棵大树，他给它们分了工，分别负责倾听他的心事：一棵负责学习，一棵负责爱情，还有一棵负责友谊。

现如今，演戏成了他释放自己的出口。演戏之外，他的生活很简单：一半的时间，他比较理性地感受、思考、阅读、旅行；一半的时间，他在感性地喝着酒，晕着，发着呆。大多数时候他都独自一人，"所有的自我净化、自我成长、自我观照，都要在独处中去完成。"

在片场，一有空闲时间，黄轩就躲在一边，抱着本书看。等轮到自己上场了，合上书，马上进入戏中的角色。他读的书大都是宗教类和哲学类的，比如美国心理学家肯·威尔伯的《超越死亡：恩宠与勇气》，赖声川翻译的一本法国哲学家与儿子的谈话——《僧侣与哲学家》，宗萨蒋扬钦哲仁波切的《正见》和《人间是剧场》……

"每天拍戏都很忙，读书的时间很少。但我自己又是一个问题很多的人，我觉得只有在这种类型的书里才可以找到一些答案，启发我的思考。"黄轩说。

当记者问"你的问题和困惑是什么"时，他答道："比如疑问我为什么在这里？生命的意义是什么？我要做什么？该如何看待这个世界？如何让自己的生命有更多的可能性，等等吧。大多都是一些自我认知的问题。"

在黄轩看来，一个演员一定要有高度的自我认知。"人的情感是共通的，只有深刻地剖析自己，之后再将自己的某些性格色彩、情绪、经历，与戏中的角色、人物建立起链接，这样一来塑造的角色才立得住。"

他记起当年拍《黄金时代》，影片结尾那一幕：刚刚见证了萧红死亡的骆宾基走在满目疮痍的香港街头，口中嚼着一块糖，突然悲从中来、泪流满面。演骆宾基时，他想起的是父亲去世之后的一天。他蹲在昏暗的楼道里整理父亲的遗物，脑子里不知在想什么，"整个人完全处于无助茫然的状态"。这时电梯到了，开电梯的阿姨问要不要帮忙，"声音特别温暖"，他从地上抬起头，眼泪哗地就出来了，"那种感觉就跟那幕戏一模一样"。

在电视剧《创业时代》里，他饰演男主角郭鑫年，"一个满怀激情、不屈不挠的天才，活在自己的理想里，创造出伟大的互联网产品"。因为郭鑫年，黄轩觉得自己也有些变化，"以前和朋友聚餐，我都不怎么说话。现在喝点酒，我可以像演讲一样，大声地说着自己的理想，而且一直说。"

黄轩的理想，是想成为一个自己欣赏的人，"那个人，他有自己的坚持，不随波逐流。他不会被卷入尘世的游戏里，不停地打转，到头来却完完全全没有真正活过。"（文／陈娟）

吴彦祖，四十不惑脚步不停

吴彦祖，中国香港演员，1974 年出生于美国旧金山，祖籍上海，毕业于美国俄勒冈大学建筑系。1998 年出演电影《美少年之恋》，从而踏入演艺圈。近日，参演的好莱坞影片《全球风暴》在中国上映，首次参加的真人秀《漂亮的房子》热播。

对吴彦祖的采访开始于深夜两点。等待的时间里，《环球人物》记者已经困得昏昏欲睡，但吴彦祖一开口，就被他带动得情绪高涨。他精神饱满、彬彬有礼，那张清隽的脸在工作一整天之后依旧完美得无可挑剔。最重要的是，他坦诚、真实，让这番深夜对话有了种温暖的感觉。

提起吴彦祖，人们的第一个反应就是"长得帅"。而听到这样的评价，他通常只是腼腆地笑笑，有时候也会无奈地自嘲，"天天对着这脸，其实很无聊"。这两年，他开始更多地感受到外形带来的压力，"因为长成这个样子，错过了很多心仪的角色"。他甚至还担心女儿长得太美。自

2013 年女儿出生，吴彦祖和妻子丽萨就"希望她不要那么好看"，因为"漂亮的外表，吸引的东西不一定好""平凡一点，人生才没有那么复杂"。

"演技真的被低估了"

如果不细算，很少有人会意识到吴彦祖已经 43 岁了。他始终保持着一张美少年的脸，良好地管理着自己的身材，岁月好像没在他身上留下多少痕迹。

知乎上的一个热门帖，名为"为什么吴彦祖一直稳坐男神宝座？"回答是这样的：时间给男人臃肿的体态，变形的五官和加速扩张的地中海，媒体又乐于把人拉下神坛……在喜爱与失望的反复里，吴彦祖很坚挺。

这样的坚挺，不只指皮相，更是心态。即使过了不惑之年，他也没有放松对自己的要求，因为他觉得，渐长的年龄反而成为新的机遇。"40 岁到 50 岁，这个年龄段让我收获更多，变得成熟，理解了很多之前不能理解的电影角色。"理解之后，他更加强烈地想撕下贴了 20 多年的"帅"标签，做一个不靠外表的实力派。

几年前，他从香港影坛出发，前往美国好莱坞发展。他参演的《全球风暴》，就是一部好莱坞制作的大片，讲未来世界的环境恶化，导致自然灾害席卷全球。吴彦祖在片中饰演了一个有点呆呆的 IT 技术男，戏份不多，所有的镜头加起来也不超过 20 分钟。聊到这个在好莱坞"打酱油"的小角色，他却一点都不觉得"没面子"。"其实拍摄是在 3 年前，这是我的第一部美国电影。如果第一次就接男主角的戏，压力太大了。当时他们找到我，告诉我只是一个小小的角色。我说好啊，可以试试。我很想看看美国的电影怎么拍，绿幕前的特效镜头怎么拍。现在我有了体验，这些镜头要求演员有足够的想象力，一边想，一边演。"

第二部美国电影《魔兽世界》，吴彦祖当上主角，却演了一个"戴着化妆面具，丑到让人根本认不出脸"的怪兽古尔丹。看到定妆照片，他竟然开心得很，"这是个很完美的角色"。"我在亚洲经历了很长时间的演艺生涯，每个人都知道：吴彦祖很帅，他总演很帅的角色。我很想打破观众这样的想法，古尔丹就给了我机会，因为在《魔兽世界》里，观众只能看到我的表演，听到我的声音，看不见我的脸。"2016 年电影在中国上映，观众的反应是："即使看不出本来的样子，但仍然觉得他闪闪发光。吴彦祖的演技真的被低估了啊！"

为了摆脱这张脸对自己的束缚，吴彦祖慢慢地从演员变成了一个全方位的电影人。2011 年，他和好友冯德伦一起成立了一家电影公司，拍电影、做监制。两个人共同做制片人，出品了美剧《荒原》。电视剧虚拟了一个被封建伯爵统治的国度，吴彦祖还担任主角，演一个武艺精湛的战士。第一季完结后，紧凑的情节和精彩的打戏让《荒原》收获了不错的评价，IMDb（美国权威影视排行榜）评分 8.7。对于一部华人担任制片和主演的美剧，这算是高分了。2017 年，《荒原》出了第二季，给了观众更大的惊喜。中国粉丝也为他点赞，不为颜值，而是"支持吴彦祖在美剧中崭露头角"。

依然保留着做设计师的梦想

有人问吴彦祖："如果不做演员，会选什么职业？"他的回答很干脆："做一名设计师。"他说，如果当年没有在街头遇到导演杨凡，自己现在应当正画着草图。

吴彦祖出生在美国，18 岁考进俄勒冈大学，学的就是建筑。那时他是全校的尖子生，在校 5 年，门门功课都拿 A+ 或 A 的成绩。毕业那年，他原本打算花 3 个月时间来一趟背包旅行，在香港游玩的时候，因为英俊的外形，被杨凡一眼看中，拍了他的电影处女作《美少年之恋》，演艺生涯便由此开启。

吴彦祖的父亲在美国做工程师。吴彦祖在香港拍戏的头 3 年，父亲隔三岔五打电话问他："什么时候回美国，认真找一份设计师的工作？"吴彦祖总是说："你让我待多一点时间……再多一点时间。"直到 2000 年，他拍《野兽之瞳》，父亲飞到香港现场探班，看他认认真真、大汗淋漓，10 多个小时演了一场被打得满脸是血的戏。下了片场，父亲就拍拍吴彦祖的肩膀，说了一句"你今天真的很努力"。"那一刻，我终于觉得父亲认可了我的选择。这也让我对演员这份职业更珍惜。"

因为拍戏，吴彦祖放弃了做专职设计师，但其实他一直为自己保留着设计房子这个梦想。这 20 多年，他给香港金牌经理人陈自强设计了一座和式花园，还有姐姐在西贡的家、妈妈在上海的房子，他和妻子丽萨在南非的木屋……都出自吴彦祖之手。

最近，他第一次在一档真人秀综艺里露了面，节目叫《漂亮的房子》，主题就是建筑与设计。吴彦祖担任主要嘉宾，组建了一支"明星建筑师天团"，接受山间老屋的重建挑战。

"为什么要参加这个节目？原因很简单的。以前很多真人秀找我，但我觉得跟自己没什么关系。这次他们找到我的时候，说要盖房子，做设计。一听到跟建筑有关，我就觉得特别有意思。"

果不其然，吴彦祖就是去盖房子的。节目一开始，其他明星都大包小包拎着行李箱出场，他的全部行头只有一个小小的双肩背包。改造计划动工，他每天搬建筑材料，抢大锤子，开拖拉机，做泥瓦工，干完苦力活接着采风、画图，事事较真、苛刻到了极致。也许在一些人看来，吴彦祖是来上节目"秀"的，但在他心里，房子能不能修好，才是头等大事。

一同参加真人秀的好哥们儿冯德伦，说他是"非常靠谱的一个人"。有一次，吴彦祖正在绘制建筑设计草图，冯德伦凑过来看，认认真真说了句："你果然还是有才华的，不是靠外表。"

而对吴彦祖来说，他是真心爱干体力活。上学的时候，他就在爱好一栏中，把"喜欢做木工活"几个字涂得又黑又粗。采访中，提到这档节目，他显得兴致勃勃，"搬砖、运水泥、刷油漆，这都是一些常规工作。盖房子肯定是辛苦的，拍3部电影也没有盖一座房子辛苦。但无论拍电影，还是盖房子，有些事你必须去做，不知道苦怎么能尝到甜呢？"

八卦绯闻的绝缘体

40 岁之前，吴彦祖的工作主战场在香港。在那些经典港片中，他留下的角色一直被津津乐道：《美少年之恋》让人们认识了面容清秀、笑容青涩的吴彦祖；2001 年的《游园惊梦》，导演杨凡再次用镜头展现了他的"盛世美颜"；2004 年，他遇到了尔冬升，挑战黑帮电影《旺角黑夜》，出演草根杀手来福，这让他第一次觉得"摆脱了外形束缚，找到了真正演戏的感觉"。自此，吴彦祖开始尝试更多动作片和警匪片，总挑一些风格黑暗的戏来演，比如在《门徒》中饰演的卧底阿力。反派角色似乎对他特别有吸引力，《窃听风云》中的斯文败类林一祥、《新警察故事》中的杀人狂魔关祖……因为这些角色，他的演技日臻成熟，接连几次获得香港电影金像奖的提名。

和他钟爱的暴烈角色不同，实际上，这么多年来，吴彦祖的拍片节奏一直是不急不缓的，现在更是慢了下来。"每年就出一两部作品，没有必要那么着急，可以慢慢来"。《荒原》第三季，10 集左右的篇幅，安排了 8 个月的周期。"因为这一部剧，我的工作已经排到了明年 5 月，一年中有 8 个月的时间被挤满，剩下的三四个月再慢慢挑一部电影。"

工作之外，在喧嚣的娱乐圈，吴彦祖也一直保持着好口碑。他就像是八卦绯闻的绝缘体，和丽萨结婚后，除了拍戏，就再也没有什么值得登上微博话题热搜榜的事情了。

他们的恋爱经过了 8 年长跑。丽萨是法、中混血，接受典型的西方教育长大，自信又独立。"我喜欢这样的女性，很强大，有足够的安全感。

我去外地拍戏的时候，她从来不会不信任我。"丽萨也不喜欢什么首饰华服，她喜欢大自然，喜欢南非，曾经拉着吴彦祖在南非与世隔绝住了一个月。2010年，他们的婚礼就在南非的森林里举行，只有几个亲朋好友在场，简简单单。

后来他们有了女儿吴斐然。谈起女儿，严肃到有点闷闷的吴彦祖终于开始说笑："等她长大，第一次带男朋友回家的时候，我一定要把之前拍功夫片的剧照放在客厅，好好提醒他。"

圈子里和吴彦祖接触过的人，对他的评价出奇地一致——礼貌、自律、教养好。他曾和陆川导演合作《王的盛宴》。大家出去喝酒唱歌，吴彦祖每次都滴酒不沾。陆川说，他非常自觉地和女性保持距离，真是令人敬佩。陪吴彦祖跑过通告的助手回忆："他永远是第一个下车的人，然后开后备厢自己拿行李。他不喜欢被别人服务。"导演毕国智则说，10多年的交情，他几乎从没见过这位"好好先生"发脾气。

入行20多年，不浮躁不盲从，始终心平气和，怎么能做到？吴彦祖说，工作不断有新计划，但目标从来不变。"历经从boy（男孩）到man（男人），再到family man（居家男人）的身份转变，我还是想要继续好好工作，努力拍戏"，因为"要赚钱供女儿读书，哈佛的学费很贵的"。

到什么时候考虑停下来？他觉得，50岁可能会是他的一个分界线，但在这个时间之前，脚步不会停。（文／毛予菲）

冯小刚：在残酷和失落中赞赏人情味

冯小刚，著名电影导演，1958 年生于北京，代表作有《大腕》《手机》《唐山大地震》《我不是潘金莲》等。2017 年 12 月 15 日，他执导的电影《芳华》上映，引发了一代人的集体怀旧没有什么像青春那般美好。

冯小刚的《芳华》在经历了延期上映的波折之后，终于在 2017 年岁末与观众见面了。一部讲述 20 世纪七八十年代部队文工团往事的电影，引发了一代人的集体怀旧。影片散场后，常能看到两鬓已白、不常出入影院的人一边擦去眼角的泪水，一边对同伴说："拍得不错，是这个意思。"更年轻的人看完电影，心情也是复杂的，除了对那个未曾经历的年代多了些了解，还会想到，几十年后讲述自己的芳华时会是一种怎样的心情。

在这个不算太冷的冬天，再有 3 个月即将年满 60 岁的冯小刚，用光影编织了一场"波光粼粼的青春"。他让人们看到了一段逝去的岁月，一场有关人生冷暖的故事，以及一个青涩、浪漫还有些多情的自己。

这一次他平和了许多

《环球人物》记者曾几次采访过冯小刚。

2013 年底，在喜剧电影《私人订制》的发布会上，冯小刚看上去有些疲惫。"和电影在一起这么多年了，有点反感它了""我的内心是悲剧的，不过是在强颜欢笑"……《私人订制》收获了几个亿的票房，但冯小刚的话中不难听出几分消极、几分厌倦。他还在为前作《一九四二》受到冷遇而愤愤不平。"观众需要复杂、深刻吗？好像不需要，《一九四二》就是证明。这是一个娱乐的时代，不是一个反思的时代。"

2016 年底，冯小刚的《我不是潘金莲》上映。当时，他在电影票房上早已赚得盆满钵满，但仍觉得自己在艺术上没有得到足够认可。所以他剑走偏锋，在电影中采用了很少有人敢挑战的圆形画幅，试图用冒险式的探索在艺术上证明自己。那次采访时，面对我们的提问，冯小刚的言语之中有一种急于证明自己的情绪。

这一次，冯小刚平和了很多。他说，《芳华》是自己最没有包袱的一次创作。"拍《一九四二》《我不是潘金莲》的时候，我有一种强烈的企图心，希望拍一部在个人履历表上特别重要的作品。拍《芳华》时，我完全没考虑这些。"冯小刚对《环球人物》记者说。

冯小刚曾经是一名军人，一名文艺兵。他早就想拍一部有关部队生活的电影，但是多年来脑子里只有一些破碎的记忆片段：夏日午后的阳光下，泳池水光中浮动着一张张年轻的面孔；女兵曼妙的身段，优美的舞姿；乐队演奏时，观众跟着打节拍的样子……他想过自己写剧本、编故事，但又想起自己在部队调皮捣蛋、干了些出格的事情，令领导头疼不已。这些实在不适合拍成电影。况且，想要拍部队里的女孩，他并不具备女性的视角和感受。

直到几年前，冯小刚遇到严歌苓，这部电影才有了眉目。严歌苓不仅是一名作家、编剧，还曾经是成都军区后勤部文工团舞蹈队的成员。两人聊了没几句，严歌苓就表示非常有兴趣写一个关于文工团的故事。不过，当时严歌苓有另一个项目在身，抽不出时间。两年后，严歌苓开始创作这个题材的小说，后来又用3个月的时间写成剧本，也就是电影《芳华》的基础。小说取名《芳华》是冯小刚的主意。"'芳'指芬芳的气味，'华'指缤纷的色彩。这个名字充满青春和美好的气息，很符合我记忆中光彩的景象。"冯小刚说道。

拍摄《芳华》这样一部年代戏，难点首先在于场景和道具的还原。冯小刚没有采用省事的办法——找一个现成的部队大院，而是任性地提出了自己的方案——斥资3500万元，在海口搭建了文工团大院的实景。大院的各个细节都力求真实：服装的布料是去生产部队服装的工厂找的，实在找不到就一点点染成接近的颜色；食堂的桌椅是重新定制的；小黑板上的通知栏，墙上的开关、水龙头，都是那个年代的原款式。

为了呈现记忆中最纯真的面孔，冯小刚放弃了选当红明星做演员的套路，唯一的例外是男主角刘峰的扮演者黄轩。冯小刚说："我不想观众在银幕上翻来覆去就看到那几张脸。我也算是个有点影响力的导演，有义务发现、提携新人。"这次，他选演员的标准是"能歌善舞，会表演，没整过容"。他用了半年多时间，从500多名候选人中选出了苗苗、钟楚曦等6个女演员。"她们是《芳华》里最需要的面孔。有人说我这次选演员太矫情，但那个年代真的是天然美，有一些瑕疵反而更生动、自然。"

冯小刚不用明星的另一个原因是，明星档期没那么长。《芳华》的演员提前5个月聚在一起，研究剧本、体验生活。包括黄轩在内，所有演员提前进入剧组集训。集训内容包括军容军姿、打背包、队列、打靶等，还有乐器、舞蹈等文工团专业项目，甚至还有医护等特殊项目。剧组还请来当年的专业人员，教授红色经典歌舞。演员们长时间同吃同住，到拍戏的时候，真的像相处了很久的战友一样。女主角何小萍在片中受人排挤，冯小刚特意要求女演员们在生活中像戏里一样，疏远、孤立何小萍的扮演者苗苗。由于投入太深，苗苗在电影杀青后像是被掏空，过了一个多星期才感觉回到了现实。

"看到文工团的牌子挂起来，走进排练厅，听到乐队的演奏，看到演员们穿着练功服排练，我就像回到了记忆中的文工团。太过瘾、太满足了！"梦回当年的冯小刚，这次真正感念起导演这个职业的好。整个拍摄过程中，他坐在摄影机旁，看着光影打在演员的身上，眼中都是自己二十来岁时的样子。

温暖和残酷是一体两面

不可否认，在人们心中，《芳华》的观影感受有两种极端：感动、温暖与压抑、失落。这在很大程度上是因为，影片也好，生活也好，本身都有两种截然不同的质感。《芳华》是柔和的，它表现在女性的柔美和最终还算温馨的结局上；《芳华》又是坚硬的，比如战争的残酷，角色的命途多舛。

《芳华》的战争场面很抢眼，因为冯小刚自己对战争有着深刻的感悟。在部队时，他年轻气盛，有着上阵杀敌的热血。但他是个文艺兵，擅长的舞台美术在血肉横飞的战场上用不到。"那时候我只是一腔热血，战争的残酷、可怕是我多年后才领悟到的。"冯小刚对《环球人物》记者说。

为拍这部片子，冯小刚找到很多参加过对越自卫反击战的老兵，听他们讲前线的故事、战斗的场景。有位来自成都的老兵说，自己见到的第一个牺牲的战友是一个16岁的小战士。连队过桥时听到一声枪响，所有人立刻卧倒在地，然后他发现那个16岁小战士身上手榴弹的弹柄被打穿了。几秒钟后，小战士被炸飞了，水壶挂在树上。老兵说，他到现在都记得小战士临死前脸上的表情。

冯小刚把这段真实的故事作为战争戏的序幕。6分钟的战争片段都是现场实拍，没有电脑特效。"非常难拍，而且很危险，甚至有可能造成伤亡，所以拍摄很谨慎。"冯小刚说。这场戏由一个韩国特效团队打造，预算是 700 万元，最终用了 900 万元。在坊间传闻中，这场戏是一个长镜头拍到底的，但当《环球人物》记者问及此事时，冯小刚很诚实："你既然问到了，我不能撒谎，其实拍摄时用了 8 个镜头。只不过我们想了些技术办法，让观众完全看不到接点。从《我不是潘金莲》开始，我就一直想做些别人没做过的事。"

作为导演，冯小刚在有些情节的处理上坚持了自己的意见，比如女兵晾晒塞了海绵的文胸。原著里，文胸的确是何小萍的，但电影没有表达这些。"我怕这些细节对角色有伤害。"冯小刚解释说，"《芳华》不像《一九四二》《我不是潘金莲》。那两部电影的编剧刘震云没有想用他的任何一个角色打动你，只是想用所有的角色来构建人们对民族性的认识。但观众看《芳华》时，情感落点一定在何小萍、刘峰身上，容不得他们身上那么多瑕疵。"严歌苓的原著还写到了刘峰之死，写得很凄凉。但在电影的结局里，刘峰与何小萍两位主人公，经历了世事沧桑，最终抱团取暖，成为彼此的慰藉。对此，冯小刚说："这个结局更符合我的性格和感情诉求。"

在拍摄刘峰被集体放逐，一大早默默走出文工团大院时，冯小刚哭了。他一边看着何小萍在院门口和刘峰告别，向刘峰行军礼，一边偷偷地抹眼泪。冯小刚的电影里有残酷和失落，但他始终渴望和赞赏着那一丝世俗的、温暖的人情味。

"电影主题还是要和人性、精神有勾连"

"世上有朵美丽的花，那是青春吐芳华，铮铮硬骨绽花开，滴滴鲜血染红它。"《芳华》最后定格在韩红演唱的片尾曲《绒花》中。这首歌本是经典电影《小花》的插曲，原唱是李谷一。韩红在空政文工团待过，她事先给过冯小刚自己唱的一个版本，看了剪辑的影片后又重唱了一个版本。冯小刚说："韩红看完剪辑后，觉得自己第一版唱得技巧性太强，不够动情。"

算上这首《绒花》，《芳华》上映后收获了不少好评。马云也发了条微博，说这才有真正的电影味道，"像小时候吃过的西红柿那样，余味无穷"。"西红柿"恰是冯小刚在《芳华》中用到的象征物之一，代表着鲜艳欲滴的初恋。冯小刚曾在自传《我把青春献给你》中，费了不少笔墨描写西红柿留给自己的回忆。他这样回应马云："我理解马云说的西红柿的味道里有纯真，有天然，有母亲年轻时的样子，有少年时的夏天，有情窦初开的悸动，有朴素的年代。它的果汁留在嘴唇上的味道，是和芳华有关的回忆……"

很多人当导演后，拍摄的第一部影片就是关于自己的青春岁月。冯小刚不同，他入行几十年，早已功成名就，年近花甲才来"致青春"。他说："离那个时代远的一个好处就是，很多事情拉开距离后更美。因为经过时间的沉淀再回头看，留在记忆深处的才是最重要的，内心也是感动更多。"他不否认，电影中有很多被放大了的美。

《芳华》里的很多情节发生在"文革"年代。有些电影涉及这个年代都会表现得有些灰暗。"那或许是一个普遍的公众视角。"冯小刚说，"但有些影片的视角就很个人化，比如姜文拍的《阳光灿烂的日子》。虽然片中的父母过得不容易，但一帮孩子不用做作业、上课，自由奔放，天性得到极大解放，回忆起来也不失为一段美好岁月。"《芳华》对于冯小刚而言，在某种程度上也是私人化的。文工团大院的围墙隔开了外面的风雨，院里绽放着生机盎然的青春。在相对封闭的环境里，青年男女有自己的快乐和忧伤，甚至还有点自己的优越感。

冯小刚说，自己和大部分导演走了一条相反的路。别人拍文艺片的时候，他开始拍商业贺岁片；在他的商业片成了品牌，大家纷纷跟风的时候，他抽出身来，拍了很多不太迎合市场的作品。"我不是刻意的转向，而是在拍摄一部部影片的过程中，对电影的魅力有了新的理解。过去我的喜剧是特别简单地抖机灵，但慢慢我发现，电影还是得拍和人性有关系、和精神有勾连的主题。"他说，"也许还有人想念我的贺岁喜剧，但我不能把自己放在一个安全的位置。有时候做得心应手的事很没劲，我需要创作过程有挑战和乐趣。"

"它不是那种假大空的塑料花，它是有根的"

冯小刚说，每个男兵心里都住着一个文工团的女兵，记忆中影影绰绰的片段一直召唤着他。所以我们才看到了《芳华》，窥见了冯小刚的些许青春片段。

40多年前，高中毕业的冯小刚被北京军区某坦克师选中，开始了军旅生涯。由于当年的征兵工作已经结束，在宣传队帮忙的冯小刚无法办理正式的入伍手续。电影《芳华》里，女主角何小萍入伍第一天就偷偷拿了战友的军装，迫不及待地跑去照相馆拍照。现实中，冯小刚则是借了战友的军装，大摇大摆地走在军营里。当时，人们调侃他是一个"装甲（假）兵"。

第二年，冯小刚正式入伍，在北京军区战友京剧团任美术组学员。领军装那天，他专门请了假，穿回家给母亲看。母亲喜出望外地说："这是我儿子吗？"冯小刚说："不是您儿子，谁穿这么神气的衣服给您看呢？"后来，不论走在红毯上的冯小刚穿着多高档的衣服，都觉得"不如穿上军装的那一刻兴奋"。冯小刚还记得，当年他坐公交车从部队回家，每当看到有抱小孩的妇女、老人时，肯定二话不说站起来让座。听到别人口中的那句"谢谢解放军战士"，他觉得脸上特别有光，"身穿军装，就要保护老百姓，为老百姓服务"。

那个年代，身为解放军，尤其是部队文工团的一员，非常令人羡慕。文工团不用天天出操，不用频繁地集合训练，就是不断地排练、演出。冯小刚的工作是画舞台布景。"文工团在部队里是一个特殊的集体，相对来说比较自由。这里满足了我那个时候的所有愿望，可以作为部队的一员，又可以成为一名专业的美术工作者。这里留下了我青春的最好时光。"冯小刚回忆说。

这段青春记忆里，最难忘的部分是舞蹈队的女兵。冯小刚所在的美术组住一层，舞蹈队住三层。每天，三层的姑娘们传来欢声笑语，让年轻的冯小刚很是心动。他每天中午准时拿着饭盆去食堂，希望能遇到练完功、洗完澡的女兵，一次碰不到就来回再走两次。但当女兵真的迎面走来时，他却不敢正视。几十年后，"性感"这个词已经不再是禁忌。只要提到这个词，冯小刚的脑海里就会浮现出当年女兵的画面。正是这种情结，促使他多年来一直想拍一部相关的电影。

1984年，入伍7年之后，冯小刚所在的部队在精简整编中被裁撤，他只得退伍转业。"情感上接受不了，就像母亲突然对你说：'你得离开家了。'"冯小刚说。正因为这份经历，当赵立新饰演的宁政委在文工团散伙饭上说"再见了，我亲爱的战友们"时，坐在一边指导的冯小刚又哭了。

退伍后，冯小刚四处找工作，作为一个文艺兵的优越感渐渐消失了。虽然他依然穿着旧军装走在大街上，人们依然对他投来敬重的目光，但他清楚自己只是个"已经解甲但无田可归"的待业者。后来，他终于在北京城建开发总公司找了份工会干事的差事。去新单位报到的前一天晚上，他又穿上了军装，站在大衣柜前，望着衣柜镜子里的人，眼里满是不舍。直到第二天天亮，冯小刚才摘下领章和帽子上的五角星，郑重地交给母亲代为保管。那一刻，在他的心中，自己的军旅生涯、自己的芳华结束了。

回忆前尘往事，冯小刚说："当脑子里一片黑白的时候，唯独这段生活是彩色的。"这段记忆推动他拍了《芳华》。在他的理想中，《芳华》"像挂着霜的一串串葡萄，被酿成了一杯葡萄酒，绝不是化学勾兑的；像沾着泥土的一捧花，有特别亮丽的颜色，同时也布满了虫眼——总而言之，它一定不是那种假大空的塑料花，它是有根的"。（文／赵晓兰　沙丹）

潘粤明，白天也懂夜的黑

潘粤明，演员，1974 年生于北京。1999 年主演电影《非常夏日》，获第七届北京大学生电影节最佳新人奖，由此进入影视圈。2006 年，因主演《京华烟云》《白蛇传》《红衣坊》三部大戏而被观众熟知。之后一直不温不火，后在刑侦网剧《白夜追凶》中演技过硬，再次获得外界一致称赞。

潘粤明自己也未曾预料到这场走红。作为演员，他已年过不惑，颜值也称不上在线。当关注和赞美扑面而来，他有点猝不及防，但也表现得格外平静。

"我很幸运，在合适的年纪演了合适的角色。"潘粤明以此来解释这两个月来的人气飙升。2017 年 8 月 30 日，刑侦网剧《白夜追凶》上线，一个月后点播量突破 20 亿，口碑稳居高位。潘粤明在剧中一人分饰两角——沉稳内敛的哥哥关宏峰和活泼开朗、痞里痞气的弟弟关宏宇。

走红的结果是满当当的时间表——里面写满了各种采访和活动，时间精确到分钟。接受《环球人物》记者采访前，他利用间隙吃了一根香蕉，"太饿了！"或许因为减了肥，他整个人看起来没有剧中那么圆润。一开口说话，北京男人那股子不吝劲儿就上来了，"坐在你面前聊天的我，就是真实的我。"潘粤明说。

一个演成丧狗，一个演成疯猫

潘粤明与《白夜追凶》相遇于 2016 年。当时，他刚参加完《跨界歌王》，正发愁没事情做。朋友五百打来一通电话，说自己正在监制一刑侦题材的网剧，里面有一对双胞胎兄弟的角色，想请他一人来演。

"早就盼着演这样的戏，一个演员在一部戏里演好几个角色。"如今再回忆起当时的情形，潘粤明依然难掩激动。再加上自己本身就比较钟爱刑侦题材，他很爱读日本推理悬疑小说家东野圭吾、松本清张等人的书，福尔摩斯、007 类的电影更是看过很多遍，所以自信能驾驭好角色。

等到真正拿到《白夜追凶》剧本，潘粤明才发现这并不简单。

《白夜追凶》中，弟弟关宏宇武警部队出身，因为突如其来的"2·13"津港灭门惨案而被全国通缉。哥哥关宏峰是刑侦专家，发誓要帮弟弟洗清冤屈。但哥哥有"黑暗恐惧症"，晚上只能由弟弟假扮哥哥出门查案，哥哥则需要假扮弟弟在家。这样一来，他实际上是一人分饰四角：哥哥、弟弟、扮演哥哥时的弟弟和扮演弟弟时的哥哥。

潘粤明一边看剧本记下所有的问题，一边在心里给两兄弟定了位：一个能文一个能武，一个阴郁一个阳光，一个心思缜密一个放荡不羁。"我从动物角度来理解，一个演成丧狗——闷声不说话，但咬人咬得特别狠；一个演成疯猫——肢体比较灵活、淘气。兄弟俩都住在我体内，需要哪个出现就唤醒哪个。"

在剧中，观众要通过细节才能认出兄弟俩：哥哥关宏峰目光淡然，眼神平和，要么平视要么耷拉着眼皮向下俯视，很难看出情绪的变化，只有在听到对弟弟不利的消息时，他才会瞪大眼睛；弟弟关宏宇痞里痞气、举止散漫，也因此在扮演哥哥时难免露出一些马脚，比如看到尸体弟弟会有本能的排斥反应，揉鼻、绷嘴等小动作甚至几度引起他人的怀疑——哥哥之前在检查尸体时，甚至会拿起来认真地闻气味。

"真怀疑潘粤明还有一个弟弟潘粤暗。"有网友调侃说，也有人评价戏中的他，"满脸写着'去他的白面书生'"。潘粤明很感激这些评语。他自己闲时也会和网友一起追剧，看着屏幕上一条条滚动的弹幕和评论，心里很安慰。

忆起在《白夜追凶》剧组的那段日子，潘粤明觉得拍这部戏很锻炼人。剧组刚开机，前两个礼拜拍的只有兄弟俩的戏，他只能一个人自说自话。"我演完哥哥再去演弟弟，要记住台词的间隔时间，还要记住哥哥的表情。两个人最少要拍两次，这样两条线合起来才不会有重叠。"

让他印象深刻的桥段大都是在片场临时加的。有一场在酒吧的戏，关宏宇见义勇为把对方的手指头给掰断了，对方尖叫，他来了一句："嗓子这么好你怎么不上《跨界歌王》啊！"这都是潘粤明现场"灵光一现"加进去的。

在他看来，《白夜追凶》之所以受到观众喜爱，主要在于这部剧罪案悬疑的外衣之下，以小见大表达出了现代社会的全貌。例如第一起碎尸案的凶手高远，他"狂欢性"杀人变态人格的形成，是因为患有严重的肾病，无法支付昂贵的治疗费用，长期的痛苦压抑使他痛恨那些"蟑螂人"——身体健康却不积极进取，宅在家混吃等死的人，进而通过极端手段来报复社会。

"它探讨的是自我的挣扎与救赎，是人性的光明与黑暗，更多关注案件背后的社会与人性。"潘粤明说，坏人也有自己的"理想"，好人也有无法自拔的困惑，而这才是真正的现实和生活。

被生活打磨过久的人

《白夜追凶》片名英文为"Hard boiled"，翻译过来是"被煮得过硬的鸡蛋"，也可以理解为"被生活打磨过久的人"。很多人觉得，这片名说的正是潘粤明。潘粤明自己则说："万事有因果，大家现在能看到这个戏、这个我，都源于之前的磨炼。"

他上一次像如今一样受到关注还是 6 年前。那一年，潘粤明和董洁的离婚风波成为娱乐圈的大事件——先是有人在微博爆料两人已经分手，紧接着董洁被扒出"出轨"，后来董洁方发声明辩解，并指责潘粤明种种不是，但清者自清，最终以董洁经纪人被判致歉告终。风波过后，潘粤明在家里待了很长一段时间，不见任何人，"一直很压抑，想要透口气，但找不到出口。"

"想不明白。就觉得好好的一个家，怎么能这样呢？不应该，就是觉得不应该。"后来他在谈起那段变故时说，自己当时的状态"像刚捞上来的鱼在草地上挣扎"，始终无法接受两个相爱过的人，散得却如此难堪。但是在"拧巴"之余，他也收获了一份生活感悟，"你没读懂生活，那生活就必须得给你来两下子。"

2013年初，婚变发生3个月后，五百邀请潘粤明出演自己执导的首部电影《脱轨时代》。这部影片讲述"80后"失婚女许可在遭遇丈夫刘光芒出轨后，重新面对感情选择的故事。颓废文艺男刘光芒的角色留给了潘粤明，"可能我当时的状态跟戏里的人物刘光芒有相近之处，都是比较颓废，生活上也比较失意。"

潘粤明将这部剧称为自己"低潮期的一个记录"。当时，他甚至借演戏之机直言对"出轨"的看法，"我觉得出轨肯定不对，不管是因为什么，只要是影响婚姻的事情，作为有家的人肯定是不能做的。出轨其实是一种家庭矛盾的累积，双方可能都有问题。"演完之后，他开始能够坦然面对自己的生活。

那一年，潘粤明还接拍了电影《大嘴巴子》和《怒放2013》。在前一部中，他是"军师"，为一位被侵权的网络作家讨回公道出谋划策；后一部中他演一个被平庸生活磨平了棱角的"中年大叔"，不断地和生活较劲儿。两部作品都没有在市场上引起太大波澜，但成功地把潘粤明拉回到工作中。

"你不能永远在一个空间里面去埋汰自己，身边还有那么多的朋友和亲人希望你能站起来。"潘粤明说。也是那一年，他重整旗鼓，成立了自己的工作室。

当把心思转移到工作上时，潘粤明开始琢磨自己的表演。在影视剧中不见起色，他转向话剧。2015年，他参演话剧《只因单身在一起》，在剧中扮演内敛憨厚、事业平庸的插画家崔圣宇。

"演话剧是演员在舞台上的一种释放，既是情绪的抒发，也是表演的一种锻炼。同时，它还是对自己以前表演的检讨。"演话剧成了潘粤明的一个重要转折。他至今还记得第一次在追光下走到台前，然后念出大段的台词，当时第一排的观众离他不超过2米，那种"拿下"的感受要比演电影、电视剧过瘾多了。

2015年底，电影《唐人街探案》上映，潘粤明打破固有形象，在片中演了一位在破旧车场打工的"变态老爹"，蓬头垢面，邋遢不堪，说着一口泰语。仅有5分钟的戏，大部分观众都没能认出那是潘粤明。

如果说"变态老爹"是潘粤明形象上的改变，那么《跨界歌王》则是他内在风格上的颠覆。他以崔健的《快在雪地里撒点野》亮相，在台上嘶吼呐喊，唱着唱着还拿下话筒，踢飞了立麦杆。后来又演绎猫王、孙悟空、灌篮高手，最后眼睛蒙上红布唱了那首《给自己的歌》。

舞台上多变的风格，把他推向了《白夜追凶》，也推到了众人的目光之下。

"演戏是我吃饭的技能"

有人为潘粤明撰写了这样一个故事：故事的开始，白衣少年带着满身的书生意气在文艺的世界里漫行；故事的中段，少年被命运抛进黑暗，孑然一身，深陷泥潭；故事的后段，他用自己的力量拨云见日。

回看这位"白衣少年"的过往，潘粤明说的最多的就是"珍惜"二字。他承认自己年轻时太过顺利和幸运：1999年，在路学长导演的《非常夏日》中，他饰演一名有上进心和正义感，但性格懦弱的汽车修理工，获得第七届大学生电影节最佳新人奖；之后，他又在霍建起导演的《蓝色爱情》中扮演一名卧底警察"小白"，获金鸡奖提名。

"路学长导演奠定了我可以继续靠表演吃饭的信心，等于亲手给了我一把钥匙。霍建起老师又帮我打开那扇门，正式开始了演员生涯。"他说。

2005年到2006年，由潘粤明主演的《京华烟云》《红衣坊》《白蛇传》三部大戏接连在央视播出，引发收视热潮。从《京华烟云》里极度叛逆的曾荪亚，到《红衣坊》中反复挣扎于人性善良与扭曲之间的张云天，再到《白蛇传》中单纯可爱的许仙，一系列角色下来潘粤明完成了从"文艺青年"到"性格小生"的转变。

"吃好吃的吃太多惯出毛病，慢慢地就会比较懈怠，也伤害了一些信任我的人。"潘粤明说。

"现在后悔吗？"记者问。

"后悔。好戏不会等着你，你不懂得珍惜就失去了。如果重来一次，我肯定不那么活了。"他终归是认清了现实，"演戏是我吃饭的技能。"

演戏之外，他用画画和写毛笔字放空自己。看到什么画什么，画完后还发到微博上与粉丝交流。有充满佛学意味的《飞蛾参禅图》《达摩祖师飞飞图》，还有被戏称为"脑子进水"时画的《洗洗刷刷图》。不久前，因为粉丝说他胖，他在扇面上画了一条翻着白眼的鱼，并题字"子非大肥鱼，安知肥之乐"。

至于那些与感情相关的问题，依然是他的禁区。"还是说戏，说一些正能量的吧。"潘粤明说。如今的他没有什么压力，只认定一个方向：能遇到好的角色，演好戏，努力成为一名自己心目中的好演员。

"不想让信任我的人再次失望。人这一辈子，人生苦短，能遇到好的机会，就踏踏实实珍惜吧。"他说。（文／陈娟）

彭于晏：人生路长，无欲则刚

彭于晏，1982 年出生于中国台湾，2002 年出道，代表作有电影《翻滚吧！阿信》《激战》《匆匆那年》《黄飞鸿之英雄有梦》《邪不压正》等。2016 年 6 月 11 日，由其出演的影片《寒战 2》作为上海电影节开幕片全球首映。

"要开始了吗？"彭于晏抓起最后一个蔬菜三明治，一面狼吞虎咽，一面询问《环球人物》记者。这是上海电影节开幕的前一晚，他提前到达上海给电影《寒战 2》造势。在片中他戏份不多，跑起宣传来却是兢兢业业，从下午的发布会到晚上的采访无缝连接，饿到 9 点才有机会填填肚子。

对于"吃货"而言，饿肚子是可怕的。舒淇曾和彭于晏吃过一顿饭，被他一口气 20 个煎饼的饭量吓住，之后就常常担心他吃不饱。"饿是饿，但一想到这是今天最后一项工作，精神都来了！"他整了整修身西服，换上一脸神采飞扬。

出于自小养成的礼貌，彭于晏和别人交谈时，都要求自己眼神专注、聚焦。他瞳孔很黑、很大，自带无辜，总给人一种"男孩感"。导演张一白与他合作青春片《匆匆那年》，不止一次表达过这双眼睛的魔力："还能找到比彭于晏更单纯的眼神吗？"记者询问彭于晏总是被贴上"大男孩"的标签会不会烦，他说："贴标签说明别人关注你，我还挺感恩的。而且'大男孩'多好，像我这个年纪，再不装嫩就老了！"

是啊，这位一直以阳光、娃娃脸著称的"资深鲜肉"，其实也已经三十有四了。

"拼"的代名词

作为上海电影节的开幕影片，《寒战2》集结了郭富城、梁家辉、周润发三位大牌，强大的影帝光环让其他人难免失色。不过彭于晏却在影帝们的气场中冒了出来，这部电影的制片人、安乐影业总裁江志强说："最大的一个惊喜就是他。"《寒战》系列电影讲的是香港警务处内外权力斗争的故事，第一部曾拿下9座香港金像奖杯。彭于晏在其中饰演为了帮助父亲成为处长，策划一系列案件打击对手的高智商反派警员。他最得意的是在第一部的结尾设计了一个打响指的动作。"那是我自己向导演提议的，想表现出角色的双重性格，"他说，"到了第二部，导演跟我说要做一个优雅的神经质，所以表演又多了一些层次。"

算上《寒战 2》，这是彭于晏第四次和梁家辉合作，第二次演他的儿子。"和家辉哥对戏，能从他身上看到演员的素养，特别投入。"片里片外，梁家辉都经常会用很心疼的眼神看彭于晏。心疼来自两方面，一是戏中深厚的父子情，二是现实生活中彭于晏的拼命。两人一起上节目，屏幕上播放彭于晏这些年为角色练肌肉、练体操、练武术的画面，梁家辉感动落泪，说："一个偶像剧演员，不会有很多导演让他有机会转换很多形象，但他自己做了无数练习，这些努力会让他勇往直前、无畏无惧。"

彭于晏的这种拼命，江志强深有同感。2013 年，他请彭于晏出演《黄飞鸿之英雄有梦》，前提条件是整年他不能再接别的片子，专心学习武术。之后，整整 9 个月，彭于晏从踢腿、拉筋、南拳练起，每天和 8 个武行师傅对打，出去参加活动，也把电影武术指导洪金宝的弟子带在身边。后来电影开拍，洪金宝对他刮目相看，当场收他为徒。江志强说："我看人只凭两点，一是人品，二是努力。很多人听到要练一年武都不答应，但彭于晏做到了。"

另一位常和彭于晏合作的是导演林超贤。2012 年，林超贤拍电影《激战》，彭于晏是男二号，饰演一名为了寻父而走上拳击台的落魄富二代。林超贤请来职业拳手给演员特训，彭于晏每天得挨打 200 下，最后打到连林超贤都不忍了，"别人看重彭于晏的外形，我看重他的斗志！"一年后，林超贤又拍讲述单车运动员励志故事的电影《破风》，需要演员开拍半年前就每天练习爬坡、体能训练，单日骑车达到 120 公里。他怕苛刻条件会吓跑所有人，开始就写了只有彭于晏一个角色的剧本，"因为觉得可能只有他才承受得住吧"。

梁家辉、江志强、林超贤的记忆里，彭于晏就是"拼"的代名词。2015年他接拍7部电影，既有《寒战2》这样的警匪片，也有文艺名导许鞍华的《明月几时有》，一年300天都在片场，为了不同角色不断变化体型。"我很崇拜像克里斯蒂安·贝尔（蝙蝠侠扮演者）那种为了角色能很好控制自己身体的人，"他对《环球人物》记者说，"可能拼只是一个过程，这些经历会随着年龄增长，最终变成让我'开窍'的东西。"

人在谷底才能倾听内心

多年前，彭于晏上台湾综艺节目《康熙来了》，当期的主题是"我不是花瓶"。小S说话犀利，对彭于晏调侃道："你的脸就是要买回家装饰客厅的啊！"当时彭于晏还不像现在能在节目中游刃有余，只能尴尬笑笑然后站起来为小S"奉献"出自己的胸大肌。

彭于晏从小俊俏，五六岁就被挑中拍广告，即便长大胖了，还是有不少女生给他写情书。但母亲觉得男孩子不能靠脸吃饭，彭于晏在13岁那年前往加拿大读书，后来考入英属哥伦比亚大学商学院。2002年，彭于晏回台湾参加外婆葬礼，被儿时的广告导演选中出演偶像剧《爱情白皮书》，才算是真正进入演艺圈。

青春偶像彭于晏很快就有了"花瓶"之名。他梳着厚刘海，带着满分笑容，成为当时炙手可热的新人，《仙剑奇侠传》《海豚爱上猫》等电视剧都红遍两岸。安静地做一个美男子，这是当时公司和"粉丝"对他的集体期待，有段时间，他和同为新人的阮经天合作电影《六号出口》，两个人在一起最常说的话就是"为什么我们演《六号出口》，却总是找不到出口？"

为了转型，2008年，彭于晏与公司发生合约纠纷，最后被雪藏。一年的时间，他几乎没有任何工作和收入，只能靠母亲和姐姐接济。回忆当时，他说："我都出道6年了，结果还得靠家里，真的很灰心。"

人在谷底，反而更能倾听内心的声音。等了近一年后，他接到了一部名为《听说》的"小清新"电影。演的依旧是阳光暖男，为了追女孩假装聋哑。彭于晏开始学手语、上表演课，与聋哑人接触。"我渐渐发现认真、单纯地演戏可以这么开心！我问自己，到底在悲情什么？就是因为过去在意太多、欲望太强，才会害怕失去，如果一切当作是从零开始，不开心就没了。"

《听说》之后，他主演了电影《翻滚吧！阿信》。"电影是真实故事改编的，讲一个体操运动员克服自身困难实现梦想。看到剧本的时候我就哭了。"电影中一场戏让彭于晏感同身受：男主角阿信在失意、放纵过后躺在医院，回想起自己曾经浪费的青春，决心不再浑浑噩噩。剧本与现实几乎重合，彭于晏给导演打去电话，说不论多少钱，不论多小的角色他都想演。

《翻滚吧！阿信》成为彭于晏走上"拼命三郎"之路的起点。他接受长达8个月的体能训练，最终将身体脂肪含量练到了3%。电影在台湾大卖，彭于晏借此入围金马奖最佳男主角，完成了事业逆转。

"我最低落的时候，母亲说现在拥有的不会是一切，现在失去的也不会永远失去，人生的路很长，要同时学会执着和放下。所以当我想到别人是怎样我是怎样的时候，就会提醒自己，无欲则刚。"

"妈，我背你"

单身的彭于晏最常被问的问题就是"喜欢什么样的女孩"。"粉丝"发现他的标准总在变，他倒很诚实："记者反正都是随便问，那我就随便答。真的会有人关心这个问题吗？反正我不关心。"他真正关心的是在身边的人，他说自己有两种模式，一种是工作模式，一种是放假模式。工作就是一年300天不间断拍戏，放假则抛下一切把时间留给家人。"我每拍一段时间电影就要给自己放假，陪妈妈去环游世界。"

彭于晏是单亲家庭，从小和外婆、母亲、姐姐一起生活。小时候母亲打3份工养家，这让彭于晏也提早成熟。"我在加拿大读书，她一年只能来看我一两次，我很珍惜，因为知道她是怎么辛苦赚钱的。她不是用语言而是用行动让我知道她的爱。"

"你好像从来没有提过父亲？"

"没有什么好说的，他一直没有在我的记忆里过。"做艺人后，彭于晏曾和父亲见过几面，但都气氛尴尬草草散场，他说："我从不去想他，妈妈很善良、体谅人，我怕让妈妈再受创伤。"正因如此，彭于晏对母亲有着强烈的依赖，"有时候我会想，现在工作这么多，等到真的什么都有了再去回报母亲也来日无多了，所以我拍片经常会让她跟我一起去，想多和她相处。"

彭于晏印象最深刻的是刚拍完《翻滚吧！阿信》，他带母亲一起去日本爬山，母亲腿脚不好，晚上下山走不动了，彭于晏说："别怕，妈，我背你。"那天山里很黑很静，但在彭于晏的记忆里却很暖很美。（文／余驰疆）

霍建华：我不是“禁欲系男神”

霍建华，台湾演员、歌手。1979 年出生于台北。2002 年出演第一部电视剧《摘星》，正式踏入演艺圈。2004 年凭借《天下第一》进入大陆影视圈，代表作有《海豚湾恋人》《仙剑奇侠传 3》《战长沙》《花千骨》《逆时营救》《明月几时有》《建军大业》等。

多年过去，霍建华似乎没有变，依然保留着偶像时代的精致。棱角分明的一张脸，眼眸深邃。但他并没有外形看起来那么高冷，进门看到有人在搬椅子，他会赶紧走过去帮忙。坐定后自己别上话筒，在等待摄像师调试光线的间隙，有一搭没一搭地和《环球人物》记者聊天。

这一天，是霍建华主演的电影《逆时营救》的新闻发布会。刚刚在台上，他调侃、提弄戏里的搭档杨幂，一度笑得直不起腰。拍合影时，他应邀比起剪刀手，全然不顾自己“禁欲系男神”的封号。“那是戏里的角色留给观众的印象，不是我。我不会给自己定这样的标签。”然后反问记者："你觉得我是那样的人吗？"一脸认真。

采访中，霍建华反复提及对演员这个职业的热爱，用他自己的话说"一拍戏就有活力"。他沉迷于演戏时的欢愉，"因为可以体验不同人的爱恨经历"；但又很快从角色中抽离，"我的人生是自己的，而角色的人生是在剧本中规定好的，把规定好的人生带到自己的生活中，那样多划不来啊。"

"你到底需要霍建华什么"

和很多演员一样，霍建华不甘于一成不变的角色定位。

这些年，他塑造了许多个性不同的形象：《摘星》中花心的夏渊桥，《天下第一》里痴情孤傲的归海一刀，《仙剑奇侠传3》里至情至性的徐长卿，《花千骨》中仙气飘飘的白子画……所以，当遇到《逆时营救》中的崔琥时，他没有任何犹豫。

这部戏讲述的是一个不断穿越的故事：儿子被绑架后，救子心切的夏天（杨幂饰）利用高科技，一次次回到过去，最终在同一时空下出现3个性格迥异的夏天，与绑匪崔琥展开生死决斗。第一眼看完剧本，霍建华就被反派人物崔琥吸引——他既是变态杀手，也是另一场悲剧的受害者，"这个角色内心情感很复杂，他心里有悲伤，有愤怒，有痛苦，但是却没有写在脸上。"

这并不是霍建华首次出演反派。2013年，于正版《笑傲江湖》里，他不仅是浪子令狐冲，也是腹黑的杨莲亭——装扮不男不女，玉面、红唇还有眼线，近乎谄媚地讨好着东方不败。而在 2016 年上映的影片《真相禁区》中，他再次一人分饰两角：一个是被警方通缉、被兄弟怀疑的离职警探，一个是入狱 5 年的高智商黑客，为复仇抢夺枪支、胁迫人质、谋杀妇婴，简直称得上无恶不作。

从 2002 年出道至今，十几年间，霍建华已经演绎了大大小小数十个角色，在剧本和角色的挑选上，他渐渐形成自己的一套标准，这标准与功利的索求无关，更多是为了证明自己还有多大的潜能。成名之后，当有人再找他拍戏时，他会不断地问对方："你到底需要霍建华的什么？你是不是真的需要我？你是需要我的名呢，还是需要我的脸呢，还是其他什么？"

当年于正找他拍《笑傲江湖》，他一开始很纠结，觉得自己与令狐冲没有办法画上等号。这部金庸名著已经被演绎了多次，周润发、李连杰、吕颂贤等都塑造过令狐冲，尽管形象不同，但这个角色在观众心目中基本上已定型：桀骜不驯、侠骨铮铮。于正的版本颠覆了原有的人物关系和故事，"作为一个金庸迷，我是抗拒的，但后来读完剧本觉得故事还挺精彩，于是就决心挑战一下。"

对他而言，剧组的物质条件，都是本末中的"末"。"我第一不挑搭档，第二不挑吃、不挑住，也不挑车子。"剧中角色的可塑性和可发挥程度，才至关重要。像令狐冲，他觉得是个层次分明的人物，在演绎时增加了一些搞笑桥段，最后虽然被观众认为"少了侠气"，他自己倒还满意，"至少这个形象是新的。只看到他潇洒磊落，那是片面的，我要让他更完整、更有起伏。"

有影评人评价，霍建华没有偶像包袱，甚至可以说，他在急于摆脱偶像包袱。如果现在还找他去演年轻偶像，十有八九会被他拒绝，"不同年龄会有不同的适合你的角色，像几年前适合我的角色现在已经不适合我了。"

"不求大红大紫，只希望有一些知音"

霍建华曾经描述过自己心目中理想的角色和故事：一个小人物，出身平凡，但始终力争上游，最终获得属于自己的一片天。某种程度上，这也是他本人的人生轨迹。

他从未想过有一天会成为明星。年少时，他不爱说话，总是很安静，只有在篮球场上才变得自信，"因为可以将自己内心的渴望肆意挥洒"。2002年夏天，台湾偶像剧《摘星》公开招募男主角，并称男主角可以演唱片尾曲。冲着唱歌的机会，霍建华跑去应征，结果成了一名职业演员，从此踏入演艺圈。他至今仍记得第一次站在镜头前的情形，"可以用非常糟糕来形容，走路都不会走。当时就想完了，这不是我该来的地方，拍完第一部就没有了。"他回忆说，后来在导演的指责和呵斥中，才一点一滴地慢慢积累起经验。

《摘星》之后，霍建华并没迅速火起来，他又跑了几次龙套。接下来的2003年，才真正成了"霍建华年"：一年之内连拍7部偶像剧，《海豚湾恋人》《千金百分百》等，一时成了炙手可热的偶像小生，台湾观众只要打开电视就能看到他。

走红的代价是，每天要面对很多活动、宣传，而且台湾综艺节目一向以整人著称，这对于一个内向的大男孩来说，几乎是一种煎熬。有一天拍戏收工早，他去店里买球鞋，一下子聚过来一群人，当时他就被吓住了。就在那一刻，他意识到自己不能再这样下去。迷茫了一段时间后，霍建华重新确定了自己的方向。2004 年，他选择在万众瞩目之下褪去偶像光环，离开台湾到大陆发展，"原因就是我想当一个真正的演员。不要求大红大紫，只希望有一些知音，能够看到我的努力。"

一切都从头再来。霍建华以新人的姿态开始独自在大陆打拼。初来乍到，再加上还顶着"偶像"之名，他也遭遇过一些不公。在做客某访谈节目时，他曾讲当年剧组的某些人对他态度不友善，"我觉得自尊受到了伤害。也是从那时起，我告诉自己，要通过努力去获得公平和尊重。"

他接到的第一个角色是古装戏《天下第一》中的归海一刀，一个外表冷酷内心深藏着柔情的刀客。"对白比较少，情感却很真挚，这对于当时的我来说非常合适。"因为第一次拍古装戏，他每晚都躲在房内背剧本，或者自己排练，一起合作的演员曾一度怀疑他得了自闭症。那年，他的父亲来探班，正好赶上一场打戏，他被对手用双脚踩在头顶上。眼看着这段戏足足重来了 35 次，父亲忍不住问他："你一定要做这个工作吗？"

在霍建华看来这些苦是值得的，"拍武侠片，让我摆脱了情情爱爱的偶像剧。经过艰苦磨炼，感觉整个人都成长了。"

归海一刀这个角色，让他自此进入到大陆影视圈，并刷新观众对他固有的认知。后来一路演下去，他在各种角色中游走。真正火起来是

2009 年，他在《仙剑奇侠传 3》中饰演徐长卿，白衣飘飘、仙风道骨的形象让人印象深刻。因为总是面无表情，搭档胡歌给他起了一个外号"白豆腐"。这部剧火了之后，一大堆古装神话题材的剧都找上门来，他曾为之苦恼了好一阵子。

7 年后，霍建华凭借《花千骨》中的白子画再度走红。仍是一袭白衣，眉目庄严，超凡而孤高。当时，网络上正好流行"禁欲系"一词，白子画形象与之相符，他便被封为"禁欲系男神"。

"我也不知道是褒还是贬，只知道那不是我，对我来说没有太大的意义。一部戏演过后就过去了。"霍建华解释说。他不愿意被定型，《花千骨》热播之后，他一直在"撇清"自己与角色的任何关联："白子画没有任何我的影子。他是仙，我是凡人。"于是，又有了现今《逆时营救》中残暴的崔琥，以及《建军大业》中的蒋介石。

"不用学演戏，好好做人就可以了"

在这个上热搜、登头条赚取流量的时代，社交媒体几乎是宣传炒作的一大阵地。但霍建华没有微博，没有照片墙（Instagram），仅有的微信，朋友圈一片空白，让不少好友一度以为自己被他拉黑。有一次新戏宣传，制片方让开微博，他反问道："以前没有微博时，难道就不宣传了吗？"最终未开通。记者采访当日，新闻发布会结束后主持人拿出自拍杆合影，他竟然不知那是何物。

"不会觉得自己与时代脱节吗？"

"不会。我也会上网，看新闻。只是不愿意将自己置于其中，至于粉丝会不会看我的戏，这不取决于我和他们互动多少，还是要回归作品本身。拍戏之外，我希望保有自己的空间，跟观众的关系也要若即若离，这样对他们看我的戏比较好，不然他们看什么戏、什么角色都是霍建华。"

这种淡然，一方面是本性，另一方面是受一位老前辈的影响。2008年前后，拍《怪侠一枝梅》时，他与香港"老戏骨"廖启智合作，作为TVB金牌配角，廖启智堪称劳模，他共参演了82部电视剧、71部电影和13部舞台剧。有一天收工同车返回，他向前辈请教拍戏技巧，廖启智告诉他："你不用学演戏，好好做人就可以了。"

听了这番话，霍建华一开始不得其解。后来，他在片场细细观察，这位老前辈很简单，没有助理，每天自己背着双肩包，静悄悄地到剧组。拍戏时再累都不叫苦，打戏也全是自己上。休工时，旁人聊起圈内八卦或风花雪月，他一概不参与，闲来无事就挂着耳机听歌。

"这些年我越来越深刻体会到，做人比演戏更难。所谓娱乐圈，只是一个幻象，真正要做的，还是演员本身。"老前辈给他的启示是"力求简单"，无论工作还是生活。"简单生活，看起来像是一种无止境的追求，似乎永远都能再简单一点。"

为省去应酬的麻烦，再加上慢热的性格，他圈内圈外朋友都不多，人们常常谈起的是"胡霍"这对CP。因为拍摄《仙剑奇侠传3》，他和胡歌结下友谊。有一次，谈及两人的关系，霍建华调侃说："他（胡歌）的作品我都看，我们彼此欣赏。他是明骚，我是慢热。"而胡歌则用"君子之交淡如水"形容两人的友情，"霍建华没有酒那么浓烈，但是你说人能离开水吗？离不开水。"

与自己所演绎的那些带有强烈童话特质的男主角不同，现实中的霍建华很接地气。他会在片场时不时搞怪、大笑、主动找人聊天，"有时会和剧组驻地附近的居民聊天，一聊就聊很久"。

对粉丝，他更是爱护有加，不让送礼物，不让探班——因为担心他们的安全，尽管有时语气很严厉，"但那是爱之深的表现"。曾经有影迷送他脚踏车，他在车上签完名后，命令对方立刻把车带走。有记者问过他，如果粉丝疯狂追星，为自己的偶像买豪车怎么办，霍建华痛心疾首，气愤地质问："你这样怎么对父母交代？这算什么？！"

不过，他也会和粉丝开玩笑，虽然比较冷。一次微访谈，被问及欣赏白子画哪一点，他回答：白。有粉丝问他："觉得令狐冲和自己哪里最像？"他答："长相，因为是我演的。"

霍建华说："生活中，我不要演戏，我是蛮随性的一个人。有时，我会觉得自己的生活蛮好笑的，上一刻还在红毯、镁光灯前面摆 pose，活动结束以后，就又变成一个普通人，自己走路去小吃店吃东西。"看起来，他已经学会了享受这种分离感，因为这也是他无法改变的现实。（文／陈娟）

沈腾：一笑而过的喜剧留不住

沈腾，1979 年生于黑龙江齐齐哈尔。毕业于解放军艺术学院，2003 年出演开心麻花剧团第一部舞台剧，之后成为开心麻花的台柱之一。2012 年起，连续 4 年登上央视春晚舞台，参加综艺节目《欢乐喜剧人》等，并出演多部电视剧。

听《环球人物》记者说要和他聊聊喜剧，沈腾反倒一时语塞了："这个话题太大，该如何谈起呢？"他说，长期浸淫在这个领域里，很多东西都已潜移默化融入了身体之中，就像给他一个刺激，他就能很自然地去应对、去表演。但要说出来，还真有些难度。

他主演的喜剧片《夏洛特烦恼》上映后，以黑马的姿态在众多影片中杀出重围，取得了高票房和好口碑。电影改编自开心麻花的同名舞台剧，讲述了沈腾扮演的男主角大闹初恋情人的婚礼现场，发生意外、"穿越"回青春校园，并重新领悟人生的故事。在春晚舞台上的"郝健"之外，沈腾的表演再次留给观众深刻印象。

《环球人物》：大家都说你是一个天生的喜剧演员，你自己怎么看？

沈腾：也不见得吧。东北人，语言自带幽默感，这要归功于地域。另外就是通过多年的学习实践，收获了一些感性和理性上的认知，中间有一个漫长的过程。

《环球人物》：在喜剧创作上你觉得自己比较擅长的是哪方面？

沈腾：包袱。比如和大非、大魔（开心麻花的两位编剧）比起来，他俩是故事讲得好，我是在抖包袱方面比较强。我在开心麻花当导演，最初的理念是"故事要为包袱让路"，哪怕是"外插花"跟故事没啥关系，只要包袱响我也留着。到了现在我觉得还是一个完整的故事比较重要。

《环球人物》：这种转变是怎么发生的？

沈腾：应该是在实践中吧。过了几年回过头去看大非、大魔的作品，我觉得看起来还是很舒服。而我最初的那些东西，我回过头去看，就会有点脸红，真的是为搞笑而搞笑，完全没必要。

《环球人物》：说说《夏洛特烦恼》，这部喜剧的魅力在哪里？

沈腾：这部电影在上映之前，已经经过舞台剧的多次实践，使得剧本非常扎实。我和马丽等都是高龄电影新人，没有什么票房号召力，电影能火真的是因为内容好。

电影的包袱很密集，但它们都没有偏离故事。观众不光一笑而过，还用4个字来总结它——功德无量，它让那些即将解散的、或者说生活在坟墓里面的夫妻变得更加热情、更加珍惜对方。

《环球人物》：也有一些观众批评，你们一帮30多岁的演员去演高中生很别扭。

沈腾：拍摄时我们也有这样的顾虑，但我们开心麻花风格的电影，去随便找个年轻演员来演很不容易。一个好的喜剧演员，他会利用自己的表演，让观众很快进入情节，不光把时间停留在演员脸上。我觉得我们做到了，电影足够好笑，情节足够动人，我们没有给观众留下很多找茬的空间。

《环球人物》：从舞台到电影，怎样调整自己的表演方式？

沈腾：最重要的是表演尺度往回"收"了一下。舞台剧你想让最后一排观众也看见你笑，你就得笑得跟沙皮狗似的，我脸上的这些褶子就是这么出来的（笑）。电影里一个微表情，大家就能感受到你的情绪。

《环球人物》：对自己的表现满意吗？

沈腾：我给大非、大魔这部导演处女作打满分。但我对自己的表演从来不满意，很少敢回过头去看，尤其是春晚。

《**环球人物**》：为什么？

沈腾：春晚是一个特殊的舞台。在排练中，曾经有前辈告诉我，得"先有意义，再有意思"，一开始我非常抵触。因为作为一个小品，它的时长短、容量很有限，起承转合什么都不能少，还要花时间去铺意义，就很影响搞笑的时间。但在春晚这么一个特殊性的舞台，它必须这么干，就变得难上加难。可能我最喜欢的，还是在舞台上撒野吧。

《**环球人物**》：据说你是一个非常较劲的人，怎么较劲法？

沈腾：站在舞台上表演，和观众的反应较劲。创作中，和自己较劲。过程很痛苦。

我也不是安心当一个演员的人，就像《夏洛特烦恼》这部电影，我一进剧组就和导演们掰扯这个人物，有时还陷入僵持。

《**环球人物**》：这样会很累吧？很多喜剧演员生活中很压抑，怎样去平衡创作压力？

沈腾：是的，很累很痛苦。我也没有特别的渠道去平衡这种痛苦，我不会和朋友们去喝酒吐槽，只会一个人承受，坐在那儿叹气。但这种痛苦是创作者必须承受的。舞台能够冲刷掉这种痛苦的时刻就是谢幕，站在那里享受掌声的时刻。在影院，听到大家山崩地裂的笑，也是冲刷痛苦的途径。

《环球人物》： *怎么看现在的喜剧片创作？*

沈腾： 现在观众对喜剧挺渴求的。几部高票房纪录的保持者，都是喜剧片。但是我觉得喜剧片还有很大的提升空间，麻花进入市场比较晚，但应该会对喜剧片这个圈子产生良性的刺激。就像做话剧一样，我们不希望周边的话剧团体做得不好，大家好才是真好，盘子才越大。

《环球人物》： *理想的喜剧片是什么样的？*

沈腾： 喜剧其实挺难定义的，很宽泛。有一个圆满大结局的电影，也可以算喜剧吧？我觉得最好的喜剧还是讽刺性的，有批判、有揭露、有泪水。一笑而过的东西留不住。我希望自己能创作出留得住的作品。

（文 / 赵晓兰）

大张伟，愤怒青年不再愤怒

大张伟，本名张伟，1983年生于北京，少年成名的音乐人，组建的"花儿乐队"曾被认为是"中国第三代摇滚"的代表。近年来参加《百变大咖秀》《跟着贝尔去旅行》《天天向上》等综艺、真人秀节目，因独特的幽默感广受欢迎。

"每天都是这么没完没了！"深夜的摄影棚里，众人还在台上忙碌地换景，暂时坐在台下休息的大张伟悄悄嘀咕了一句。

这些天他太奔波了。中午《环球人物》记者见到他时，他刚从青岛坐飞机赶到长沙，录完真人秀节目《全员加速中》，腿脚快不能动了，接着又准备录制湖南卫视的综艺节目《天天向上》。下午，在演播室的舞台上要宝3个多小时后，晚上又转战另一个摄影棚，拍摄《天天向上》的花絮视频。比起演播室里的自如发挥，在被一遍遍地要求做出炫酷拽的姿势时，他脸上充满了勉强和无奈，"帅这件事，跟我没关系啊。"

记者真正开始采访他时，已接近午夜。一天的工作，终于接近尾声，但第二天又会是一个循环，新一期的节目等着他。"为什么搞得这么累呢？"记者问。"这一行变化太快，有机会的时候，你就抓紧，说不定马上你就不行了。"没想到他那么坦率。

忙、折腾带来的是身体的疲惫，但大张伟更怕另一种疲惫，"在家安静待着，我会想特别多，精神紧张，反而更累。"

他不吝惜剖析、批判自己，不时地自嘲、调侃，表达着内心的困惑。面前的他，让记者感觉既真诚，又拧巴。

拒绝深刻

大张伟是北京南城胡同里长大的孩子，自小就对那些自诩高端、有格调的东西特别烦。《天天向上》录制现场，介绍飞机上的美食，飞机有头等舱、商务舱、经济舱，供应的食物也分不同的档次，尝遍美食的大张伟最心仪的是经济舱的狮子头，高呼"太好吃了！"

那些高级昂贵的食品到了他嘴里，被类比成东北拉皮、煎饼等，甚至抱怨："哎呀，那么麻烦干吗，全部倒在一块儿炖个大杂烩得了！"有了大张伟这个在台上到处乱窜的活宝，正牌主持人汪涵轻松多了，他在舞台一旁悠闲地打趣："所有好吃的东西到了大张伟嘴里都特别便宜，特别亲民！"

因为这种表演风格，几期节目播出后，有人拍手叫好，也有人批评他太"low"（低俗）。这样的评价在大张伟听来却是很开心，"我就是一个特别肤浅的人，只希望让大家放松、乐，我一直没弄明白高级的幽默是什么。比如二人转，让大家最开心，也是最俗。"他对《环球人物》记者说。

连他的品位也饱受诟病。他把自己的客厅装修成迪厅，把卧室装修成幼儿园，他喜欢豹纹、玫红，喜欢饱满的颜色，甚至恨不得挂金链、镶钻牙，"要是生在美国，我一定是个黑人"。他有着成年人的欲望，又有着小朋友的审美，身处没有必要的奢华中，对他来说反而是一种精神的放松。

他15岁出道，作为一名歌手少年成名，如今到了而立之年，经历的起起落落或许要比很多人一辈子都多。他总是活在舆论的漩涡里，可直到现在还弄不明白舆论的逻辑到底是什么。看到有网友评价他"拒绝深刻，才是真正的深刻"，他稍微宽心，认为观众接受他了。可过一阵又有人说"怎么尽说些街坊话，和节目气质不符"，他又低落下来，变得有些无所适从，后来索性撒开了，"总是这样，一次次的，所以人生没有什么是对的，没有什么是错的；也没什么是好的，没什么是坏的。"

他从来不把自己当作什么"高端人士"，"有时候你和高端人士聊天，半天也不觉得能聊出什么来。但和街坊大爷聊天，两三句，让我觉得，那才叫精辟。"在他看来，很多"高端人士"在他们奋斗和成名阶段特别精彩，但成名之后，全世界都捧着他，他便忘记了曾经年少不羁的样子，"那种不羁和可爱才是人性的光辉点"。他语含讽刺，却又像极了是在缅怀昔日的自己。

音乐痞子

大张伟小时候腿脚不灵，"打架时候，别人看着都乐"，想当痞子没有人收他。青春期的他又特别叛逆，反抗父母、反抗老师，满腔的愤怒无处发泄。幸亏还有音乐这道出口。出身于一个普通工人家庭的他，从小就显示出非凡的音乐天赋，在各种大大小小的歌唱比赛中获奖。

15 岁时他成了"花儿乐队"的主唱，发专辑，获得知名度，被称为"中国第三代摇滚"的代表，是众多青少年心目中的叛逆偶像。时至今日，他还被许多人认为是中国最"朋克"的人。而他自己，对音乐以及叛逆的理解则更为直接、透彻，"摇滚乐并不是什么高大上的艺术，它就是'愤怒、批判、姑娘'那点事儿，而所谓的'朋克'就是反抗一切，它直白、简单、粗暴、过瘾，不过是一种音乐痞子的代名词。"

后来，大张伟转变创作路子，推出《嘻唰唰》《穷开心》等通俗"神曲"，从小众一跃而成为大众，这是精于算计的大张伟用他超前的"音乐大数据分析法"，研究海量中外曲目后的创作。尽管此类作品被歌迷们认为是他对于摇滚精神的一种变节，也曾令他陷入抄袭风波，甚至后来"花儿乐队"最终散伙，这些毕竟都还是音乐路上的曲曲折折。

而他最近大火，却已经和音乐没什么关系了，是因为他能搞笑、会模仿、会主持。他曾在《百变大咖秀》中模仿易中天、蔡琴等，博人眼球；他在各种综艺真人秀节目中频频露脸，成为王牌节目《天天向上》中"天天兄弟"一员；他在微博上组织"群喷大会"，和粉丝们一起享受耍嘴皮子的狂欢。从音乐人，成为一名搞笑艺人，人们调侃，这位"被歌唱事业耽误的相声演员"终于走上了事业的"正轨"。

他确实是话多、话密，"有时我听我自己说话都耳鸣、脑子疼，我也不知道我为啥那么多话，说那么多没用的干吗。"直到最近，像被醍醐灌顶了一样，一向能说会道的他，忽然领悟到"沉默是金"的道理，他开始思考自己的说话方式。前不久，他作为嘉宾录制了两期《奇葩说》，特别欣赏蔡康永讲话，"我觉得听蔡康永说话像淋着春雨似的。如果你得个什么大病，他是医生，由他来告诉你病情的话，你会感觉这病还有救；换作我是医生，是个感冒，你都会觉得，哇，出什么大事了！"

大张伟觉得，能给人传递快乐是自己的福分，但他并没有因此快乐起来。"以前写歌的时候是刻意给大家传递快乐，但做节目的时候，大家乐，我自己高兴不起来。对于有些事情看不过去了，也只能用调侃的方式，得防止自己骂街。"现在的他，甚至比当"花儿"主唱的时候更红了，但他没有太大的满足感，甚至有些怅然若失。

新思维、守传统

大张伟说自己是"新思维，但守传统"，看到女孩抽烟、骂人，他会反感，男孩特别"娘"他也看不过去。前阵子听说一帮小男孩一个个都扑着粉上学，他特别不高兴。"但我不高兴管个屁用？谁在乎我高不高兴？所以有时候你愤怒、和自个较劲，自个儿还得个癌什么的，少活几年，不值当。"曾经的愤怒青年不再愤怒，创作和表达上也就少了那份原始的动力。

他对自己的认识挺清醒的，"有着些小叛逆，但又是特别胆小的人"。他始终做不到像那些真叛逆的人那般我行我素，他希望得到别人的认可、喜欢，还希望人们通过他所期待的那个点去喜欢他——那个点就是音乐。但如今的粉丝们都只爱听他贫。

以前，他认为自己是个有理想的人，试图通过用"曲线救国"的方式来继续音乐事业，为了实现理想，要去做一些和理想无关的事情。但后来发现，做了太多和理想没关系的事情之后，他已经忘了理想究竟是什么了。起先他觉得自己缺了音乐没法活，后来觉得不老做音乐没法活，现在却觉得，好像不做音乐也过得挺好。

"有歌迷希望我用音乐再次证明自己，但我觉得我已经证明不了自己了，我已经废了。从《百变大咖秀》到现在，节目做得太多了，淡化了我对音乐的感觉。理想就是一股劲儿，必须铆着劲儿一直去做，那口气如果耗没了也就没了。"

听来颇有点辛酸。如今的大张伟既非专业的歌手，也称不上正牌的主持人，更不是什么相声小品演员，他觉得自己所处的境遇，既开心又可悲。这也和整个大环境有关，近些年，真人秀、综艺节目霸屏，而音乐产业却有些萧条。"做音乐，需要一群人创造一个氛围，没地方演，没有歌迷捧场，感觉人们对音乐节什么的也不追逐，所以做起来挺没劲的。"

他也调侃周围的年轻人，"在戏剧学院、音乐学院学了那么多年，学习了表演、编曲、发声，结果出来干的活都是如何做饭、如何在野外生存等等，特逗。"

大张伟评价自己："不是一个能够逆流而上的人，像大多数人一样，只能随遇而安。"他期待能够赶上中国音乐行业再次腾飞的时候，却又觉得那一天遥遥无期。如今，娱乐圈已不再是一个歌手只需用歌曲证明自己、演员只需用表演来证明自己的时代，在这场全民狂欢里，滔滔不绝、自带幽默感的大张伟既像恰逢其时，却又感觉像是生错了年代。（文/赵晓兰）

刘若英：婚姻不是背叛自我

刘若英，知名歌手、演员、词曲创作者。出生于 1970 年，毕业于美国加州州立大学古典音乐系，曾凭借《少女小渔》《天下无贼》等片获多个影后奖项。2015 年，出版个人文集《我敢在你怀里孤独》。2018 年导演作品《后来的我们》上映。

第一次见到刘若英是在 7 年前，她个人演唱会的后台。刘若英穿着一身连体裤，扎着利落的马尾。那是当年独立女性的标配，尽显知性气质。当时的她看起来有些许紧张，因为接下来马上要上台唱一首蔡依林的《看我 72 变》，算是"讨好"歌迷的小礼物。那一两年是她最忙的时候，演电影、上电视、出唱片，做活动能早走绝不多留。外界都说她淡定、充实，只有她自己会在写作中感叹："太忙了。"

再次见到刘若英，是 2015 年她的新书《我敢在你怀里孤独》的发布会，这是她结婚生子后难得出来"放风"的时刻，一件白衬衫，一条牛仔裤，一双白色高跟鞋。台下一圈记者问着一堆婆婆妈妈的家长里短，角落里的经纪人脸色发青，直打手势想让采访快点结束。唯独刘若英不慌不忙，说："没事儿，再给俩。"

如今的刘若英，节奏变慢了，心境变淡了，结婚生子了，不再是那个标榜自我的单身文青了。她在书里写道："我正走在陌生的旅途上，手中没有明确的地图，也不清楚去往何处。"这样的句子，是最常见的、略带俗套的"随遇而安"的文艺加长版，但她却对《环球人物》记者说，这种想法不是官方答案，而是真心体会。

"我并没有对自己感到失望，也不曾背叛自己。"她说。

久在樊笼里

拿到刘若英的新书，第一反应就是"怎么书名又是孤独"？

出道整整 20 多年，刘若英有一半的时间都在诠释"孤独"：1995 年，她刚出道演电影，就在张艾嘉的《少女小渔》中扮演无依无靠移民美国的华人女孩，以一种倔强的姿态，一举拿下亚太影展最佳女主角；2000 年，她在电视剧《人间四月天》里，饰演被徐志摩鄙弃的张幼仪，在戏中狠狠地经历了一次离婚丧子之痛；后来，她又挑中了一部大红的肥皂剧《粉红女郎》，扮演恨嫁的"结婚狂"。这部戏还有首由她演唱的主题曲，至今仍是 KTV 的热门曲目，名字更直白，就叫《一辈子的孤单》。总之那些年，刘若英仿佛承包了娱乐圈所有的"孤独"。"可能因为我本性就比较孤僻，比较难从众，所以很容易诠释孤独吧。"她对记者笑着解释道。

刘若英的"不从众"是出了名的。她刚来内地拍戏时，被导演要求用夸张的方式表演"倒吸一口冷气"。"我受过的专业训练告诉我应该内敛，把情绪透过眼睛表现出来。"她的表演遭到导演的破口大骂，认为这样根本不会有观众买账。后来，同剧组的斯琴高娃拍了拍她的肩膀表示安慰，年轻的"亚太影后"一下子大哭起来，满腹委屈。可是哭归哭，刘若英最后还是坚持用自己的方式表演，无声、倔强地对抗导演代表的"主流"。

"这都不算最坚持的，我拍《新结婚时代》和《半路父子》时更夸张。"2006年，她主演电视剧《新结婚时代》，饰演嫁给"凤凰男"的都市女性顾小西，在一个月内给王海鸰发了70多封长邮件，"我必须要搞清楚为什么台词这么写"；2013年，她和张国立拍《半路父子》，扮演身患绝症的单亲妈妈江欣，天天都会用短信和张国立"探讨"剧本，追得张国立直叫苦："没想到她这么'难搞'，不愧是传说中滚石的三大'难搞'之一（另外两位是光良和阿信）。"

张国立问刘若英："为什么这么较真？"她回答："在娱乐圈，我最怕的是不坚持自我。坚持会辛苦，但不坚持可能更痛苦。"

2002年，刘若英出了本散文集《一个人的KTV》。书中她讲到自己在千禧年的深夜，独自一人在北京的KTV"跨年"，"鬼哭狼嚎地唱着歌"，结尾她写到当下的状态就是"久在樊笼里"。

显然，娱乐圈是那个笼子，而她，不想做一只随声附和的金丝雀。

另一半"身负重伤"

20 几年前，张艾嘉初识刘若英，一心想把她打造成巨星，总拎来一堆华服美履。偏偏刘若英总是自顾自穿着白 T 恤，事实上，这恰恰与年轻时的张艾嘉如出一辙。两人合作了 5 部电影，很多影迷都喜欢在她俩身上找相同点：知性气质，良好素养，还有"才子情结"——张艾嘉与罗大佑，刘若英与陈升，她们与他们的故事，一直是文艺圈最为人津津乐道的话题。

刘若英还没出道时，就在滚石公司做陈升的助理，爱慕、崇拜，那是一个二十几岁女孩对才子倾囊而出的情愫。可陈升早已成家，只能把怜惜放进歌里，为她量身打造了那首《为爱痴狂》。"想要问问你敢不敢，像我这样为爱痴狂。"歌词里藏的，是刘若英的无奈与诘问。待她成为影后，陈升对她说："你可以离开了，不要再黏我。你一个女人，永远不要对别人和盘托出。"

可惜，刘若英总不如师傅张艾嘉那般洒脱。她每次听陶晶莹的《女人心事》，歌词里唱到"别怕青春消失就不信单纯的美梦 / 我在这岸看着你又为你的坚持感动 / 你会的 / 有一天会幸福的"，总会偷偷流下眼泪。对自己的坚持与错过，刘若英并不掩饰，2002 年再在演唱会上与陈升对视，她还是哭个不停，偌大的体育场只回荡着那首《为爱痴狂》。于是，刘若英被贴上了"痴情"的标签，所有人都在想，一个对爱这般执着、不将就的女子，很难把自己嫁掉吧？

但她还是嫁了。2011 年 8 月 8 日一大早，刘若英给张艾嘉打了电话，一开口就说："张姐，和你说件事。"张艾嘉没听她讲完就猜到了，说："要结婚了是不是？赶快去！"

第二天，刘若英登记结婚的消息轰动娱乐圈。与祝福的"粉丝"相比，崩溃的"粉丝"更多；与崩溃的男"粉丝"相比，崩溃的女"粉丝"更多。"大家心目中的刘若英，应该是不管几岁都会维持单身，在情海中不屈不挠奋战的人。"连刘若英都臣服于婚姻了，独立女性的标杆轰然倒塌。

娶到刘若英的男人，是一位普通人，父母都是老师。但和"为爱痴狂"的天后结婚，就不得不被关注。外界传言他是富商，刘若英心疼他压力太大，就开他玩笑安慰说："我知道你不是富商，你只是'身负重伤'。"连一向支持刘若英赶快结婚的台湾综艺大姐大张小燕都忍不住问她："你怎么敢嫁他？他怎么敢娶你？"

刘若英也学会了"打太极"，"可能是我单身、孤独太久了，想换一种生活。结婚对我来说，是最最不平凡，也最最具有挑战的事情。也许会有人因此感到失望，但我只希望，在这段旅程中，可以看到崭新的风景"。

对于刘若英来说，飞蛾扑火的爱是人生的常态。而让一个飞蛾般的女人以婚姻作茧，安稳度日，未必是一件简单的事情。

与好友探讨独处

生活很快从一个人变成两个人，又变成三个人。"我父母在我两岁就分开了，我在祖父母家长大，从小身边就没有同龄玩伴。"刘若英对《环球人物》记者说："我以前喜欢独处，也非常自由。但现在不行了，得考虑别人的感受。"

怀孕初期，刘若英有些抑郁，"担心家庭生活让自己不再自由"。一天，她走到先生书房，直定定看着他，说："我有点忧郁。"先生想了一下说："可以请你先帮我做中饭吗？"于是刘若英转身进厨房做饭。

"当我开始集中精神做饭，忧郁情绪逐渐消散，我忽然觉得先生是个聪明人，他没问我在忧郁什么，因为一开口讨论，就得在忧郁中纠缠，他反而找一件事让我做，把我带离负面情绪。"她突然意识到，也许婚姻最好的状态就是如此。"英国心理学家唐纳德·温尼科特认为完美的相处是'窝在爱人怀里孤独'，是即使两人暂时无话可说也无所谓，可以静静地躺在对方的怀里孤独，是互相信任的极致表现。"

刘若英开始找朋友聊这种感受。她穿梭在北京的胡同和台北的巷弄里，采访了自己为数不多的几位朋友：宋冬野、陈绮贞、林奕华……全都是在娱乐圈里独居一隅、冷眼旁观的人。他们探讨爱情、生活方式和个人经历，她从他们身上学到了在人群中独处的本领，也让她对未来的生活有了信心。这些对话被她记录下来，写出了新书《我敢在你怀里孤独》。

采访中最令刘若英印象深刻的是宋冬野。几年前，他的祖母去世，恋情告吹，一个人闷在家里两个月，饿了就叫小卖铺老板送两个馒头上来。但就是在那段时间，他写出了专辑《安和桥北》里的一大半歌，包括了后来爆红的《董小姐》。现在回忆起来，宋冬野对刘若英说："低潮期和自己对话，纵然孤独，却弥足珍贵，因为思想会变得特别自由。"

现在的刘若英，又恢复到了以前的繁忙，忙着宣传新书、录制专辑、筹备演唱会。"唯一不同的是，以前赶工作是为了早点一个人待着；现在是为了早点回家看孩子。"眼下似乎是她很满意的状态，"当然，如果能再多一点独处的时间就更好了"。（文／余驰疆）

林青霞，红尘之上一片云

林青霞，1954 年生。1973 年在台北西门町被星探发现出演处女作电影《窗外》女主角江雁容，1976 年凭《八百壮士》荣获亚太影展最佳女主角。1984 年将事业重心移入香港，1990 年凭《滚滚红尘》获得第 27 届台湾电影金马奖最佳女主角。1992 年与徐克导演合作电影《笑傲江湖之东方不败》，塑造出东方不败这一经典角色。1994 年告别影坛，此后不定期为多家报纸撰写专栏，并于 2011 年推出散文集《窗里窗外》。2014 年出版第二本散文集《云去云来》。2015 年参加真人秀节目《偶像来了》。2011 年她出版了第一本散文集《窗里窗外》。60 岁时又出版了第二本散文集《云去云来》。

"云去云来间产生了许多故事"

2014 年 11 月 3 日晚上，各路记者汇集在香港半岛酒店外，酒店里是林青霞 60 岁的生日宴会。

"宴会上多是林青霞的私人朋友，出版界的人可能就我一个。"刘瑞琳对《环球人物》记者说。早在发邀请函时，林青霞就对大家强调，这次生日不收礼金和礼物。但作为广西师范大学出版社的总编辑，刘瑞琳还是送了林青霞一件特别的礼物——为林青霞出版的第二本散文集《云去云来》。书名源自元代散曲中的句子："水深水浅东西涧，云去云来远近山。"林青霞喜欢看云，感慨浮云变幻正如人间万象，"我的书里有许多云去了，又有许多云来了，就在这云去云来间产生了许多故事"。

晚宴上，林青霞根据每桌客人的特点，取一部她演过的电影名字作为"桌名"。刘瑞琳与台湾散文家董桥、香港文化学者马家辉、香港导演杨凡等人同桌，都是文化圈的人，那桌的名字里就是"红楼梦"。"她很在乎每个人过得是否愉快，逮到机会就问我们'开心吗？'"刘瑞琳回忆说，"还有，那晚她真的很漂亮！"

刘瑞琳第一次见林青霞是 2009 年。当时，她看到林青霞发表在媒体上的文章，想请林青霞出书。她写了一张纸条，委托台湾作家白先勇带给林青霞，又找到林青霞的好友、香港翻译协会会长金圣华引荐。但林青霞没有马上答应，因为当时有几十家出版社在找她。后来，刘瑞琳终于见到了林青霞。林青霞对她说的第一句话是："哇，你很有型啊！"刘瑞琳第一次听到有人用"有型"来称赞自己。这句开场白，让谈话的氛围一下子变亲近了。她们谈了 1 个多小时，彼此留下了很好的印象。第二次再见，就直接签了合同。

于是，2011 年，林青霞出版了第一本散文集《窗里窗外》。此时距她息影已经 17 年。在出书之前，她的女儿们觉得母亲整日无所事事，小女儿邢言爱还问过她："妈妈，你是做什么的？"出了书以后，林青霞感到女儿们对自己刮目相看，"她们觉得我再也不是那个游手好闲的人了"。

与《窗里窗外》相比，刘瑞琳觉得《云去云来》有了明显的进步。"林青霞是一个善于学习的人。我想，这几年里，写作应该是她生活中很重要的部分。"

"能形容天堂与地狱的感觉，就能写文章"

写作对于林青霞而言，是后天习得。她说过，自己上学时就没有看课外书的习惯，一堂课经常完不成一篇作文。进入演艺圈后连睡觉的时间都不够，更不用说看书。真正拿起笔，是在她嫁人息影之后。

1994年嫁到香港后，林青霞还得常回台湾照顾父母。在医院病榻之间目睹生老病死，心情难免沉重。有一次在香港导演徐克家，她对马家辉的太太林美枝聊起从台北回到香港时的感觉："回到香港通常已是晚上，从机场回到家必须经过一条长长的高速公路。公路两旁的路灯，因为车速的关系，形成了两道强光，四周安静无人，仿佛正在经过一个时光隧道，从地狱回到天堂，迎接你的将是欢笑和希望。"一旁的马家辉静静听完，就约林青霞给他所在的香港《明报》写专栏。林青霞问他何以认为自己能写文章，马家辉说："能形容出天堂与地狱的感觉，就能写文章。"

其实，此前有人发出过类似邀请，就是"香港四大才子"之一的音乐人黄霑，但林青霞"不敢献丑"。两个月后，黄霑去世了。追思会前两天，林青霞写了2000多字的纪念文章，于2004年11月发表在《明报》"世纪版"，题目是《沧海一声笑》。这被视为林青霞的散文处女作。之后她一篇篇地写了起来，从电影生涯到亲朋好友，从各地游记到人生感想。马家辉说："林青霞很明显已经欲罢不能。"

林青霞喜欢用稿纸，写不好就搓成一团丢在地上，"丢得满地一球一球的，感觉就像以前电影里的穷作家，很有戏"。有一次她回到家，突然来了灵感，马上伏桌写起来，一直到天亮才发现自己一身盛妆还没卸。大女儿邢嘉倩也作证："有一晚我从她房里回自己房间睡觉，第二天放学回家，她还是坐在原来的位置写同一篇文章。"

马家辉印象最深的是："曾有许多个凌晨深夜，我和美枝被传真机的响声吵醒，不必查看即猜得到是她传来稿子；第二个晚上，稿子又来了，原来是修订版；再来往往又有第三版第四版，林青霞总是小心翼翼地对待自己写出的每个字词，好坏美丑，她都尽了力去承担。"

对于发表文章，林青霞很是惴惴不安，总觉得马家辉没有好好修改。她在文章里写道："不知道他是真的认为我能写文章，还是以为明星写什么都有人看，也不知道他是真认为我写得好，还是懒得改……"

"你毕业了，可以戴方帽子了"

自知"先天不足"的林青霞为了提高写作水平，找到了两个好办法。一是看书，二是交朋友，尤其是文化界的朋友。

金圣华算得上林青霞写作的启蒙老师，林青霞视她为神话中的文艺女神缪斯："经常会因为她的一句话，触动了我的灵感而完成一篇文章。从我的第三篇《小花》开始，她就成了我的把关师父，每篇文章的第一个读者必定是她。"

有一次，林青霞和金圣华去看法国印象派画展。金圣华借莫奈的两幅名作对林青霞说："你看，每一幅画都因为捕捉的角度不同、运用的色彩有别，而产生出独特动人的丰姿……因此，同样的主题，可以写了又写，说过再说，从不同角度切入，自会呈现出千变万化的面貌。"这番话让刚开始写作的林青霞受益匪浅。

有时候，为了一个字词或标点，她能改上十次八次，每改一次都会把文稿传给金圣华，一起讨论。金圣华曾透露："（林青霞）请教月刊的编辑、报纸的主笔，以及所有教文学、摇笔杆的朋友。众人的意见，她都广纳博采，然后一篇又一篇，一遍又一遍，熔铸在自己的文字里。"

开始写作之后，林青霞和朋友之间常会互赠书籍，后来各家出版社也不断送书给她。林青霞家里原来最多的是衣服、鞋子、包，后来逐渐被书取代。客厅、书房、卧室乃至洗手间里，到处都是书。

写作之初，林青霞不知文章如何收尾。2008 年，她结识了《苹果日报》的社长、散文家董桥，并向他请教。董桥轻描淡写地回答："想在哪儿停，就在哪儿停。"林青霞被一语点醒。从此她每写完一篇文章会先过金圣华这关，然后又追着董桥帮自己修改，有时一天好几个电话。但董桥基本上只改标点："有些段落觉得她可以再写深些，有些情节她着墨稍浓，我想着替她冲淡些，再一斟酌，还是轻轻放她过去——过些年她的视野会变，笔锋会变。"

2010 年 6 月，林青霞开始给《苹果日报》的"苹果树下"写专栏文章。每当文章见报，她总会兴高采烈地买十几份寄给各方好友。有一次她尝试采用拟人的手法写作，题目是《婚纱历险记》。董桥说"good try"（意为挺不错），但没有采用。好友安慰林青霞："没有一个作家不被退稿的，这表示你是个作家。"林青霞很高兴，觉得避免了一次献丑，还给董桥发短信致谢。写了将近 4 年，专栏结束了。董桥对林青霞说："你毕业了，可以戴方帽子了。"

有一次，林青霞拿几篇文章给台湾作家龙应台看，龙应台直接说："不要写'我觉得'、不要教训人、不要太客气地写我很荣幸、我很庆幸这一类的话。写文章有些'我'字是不需要的。要像雕塑一样，把不必要的多余的字都删掉。"

"写作出书，是我不敢做的美梦"

林青霞文化圈的朋友都不简单，他们不仅是林青霞的老师，也跃然于她的笔尖。

林青霞写出了台湾作家蒋勋的平和与内敛。"认识蒋先生先是认识他的声音。朋友送了由他导读《红楼梦》的盘片，我听得入了迷，心想怎么会有那么好听的声音？《红楼梦》这本家喻户晓的文学名著，透过他那抑扬顿挫、醇厚而富有磁性的声音，把我带入了曹雪芹浩瀚的文学世界。""因为太喜欢听他讲课，之后才又参加了他带领的文化旅行团到吴哥窟。""除了观赏古迹遗址，同时也是一种修行，是心灵的洗涤，是智慧的旅程。"

林青霞最欣赏蒋勋的，是他的从容淡定："经常穿着棉质衣服，脚踩一双休闲鞋，颈上围着一条红围巾，举措之间颇有禅味。"她称蒋勋为老师："总是陶醉在他的声音里，沉迷在他的文学、美学和思想的领域里，愿意做他永远的学生。"

林青霞写出了香港导演杨凡的潇洒与自在。"不知道他是傻瓜还是聪明人，我想他两样都是。平常他省吃俭用，夏天一双凉鞋，冬天一双破球鞋，背的是台湾最便宜的书包，出门总是搭经济舱，可是拍起戏来他决不手软，两千多万港币一部戏，自己掏腰包，你说他傻不傻？拍戏花钱像流水，朋友都为他担心，他眨眨眼睛，一张带着酒窝的笑脸，一派优雅地摆摆手：'我知道自己在做什么。'"

"他的人生之路走得比谁都潇洒都自在。对电影的痴迷，对电影的热爱，令他勇往直前，一部接着一部往下拍。有时电影票房不如理想，他会说：'人家爱不爱看无所谓，反正我是百看不厌。'"

林青霞写出了已故的香港传媒先驱何佐芝的细腻与风度。2013年农历新年，施南生约林青霞到东京旅行，何佐芝也是旅伴之一。"以他94岁高龄，竟然舟车劳顿到寒冷的日本度假，见了他才知道我的顾虑是多余的。我们第一餐是在一间二楼餐厅吃韩国烤肉……因为过年，我每次敬他酒，必定以四个字的祝词逗他开心，而他总是微笑着双手举杯并真诚地望着我才饮酒……饭后，我发现他竟然自己静静地到柜台把账给付了。"

后来，在京都赏花时，林青霞再次被感动："开车回酒店时，何先生请司机在一家小店门前停下，他要亲自下车买小礼物送给他心仪的女友，那是日本最好的面油纸，他真是我见过最有绅士风度和最懂得疼惜身边女人的男士……如今他睡了，或许到另一个世界才苏醒。何先生，再见。"

文化圈的朋友们为林青霞提供了写作素材，她尽可能地写出每个人的与众不同。但她也经常为没有写作灵感而发愁。每当这时，她就庆幸自己不用靠写稿吃饭，"一个字不到一块钱，怎么养家糊口啊"。

在《窗里窗外》的自序中，林青霞写道："写作出书从来不在我的意料之中，也是我不敢做的美梦，正如拍电影。"但如今，不论是电影还是写书，她都已梦想成真。（文 / 尹洁）

黄磊，嬉皮笑脸面对人生的难

在一档热播的亲子节目中，观众们看到了黄磊的身影。略微中年发福的黄磊，化身超级奶爸，他带着当时 8 岁的可爱女儿黄多多，展现出寻常父女间温馨动人的一面。加之黄磊近年出演的作品多以都市喜剧为主，有观众不禁感叹：这个曾经隽永如诗般的男子，终于也纵身跳入柴米油盐的世俗生活。在黄磊自己看来，这并不是改变，而是一个男人的成长。

在这个"速食偶像"脸谱化的年代，能够感受一个演员的成长，一定比欣赏荧幕上似乎一个模子刻出来的标准微笑有意义得多。

"我是你闲坐窗前的那棵橡树，我是你初次流泪时手边的书"——老狼《模范情书》

《环球人物》记者和黄磊约的采访地点是在北京电影学院表演楼。二层长长的走廊里，挂着历届学生毕业大戏的照片，经过其中一幅时，黄磊突然停下，指着上面的女孩说："看，这就是孙莉。"

黄磊与孙莉的爱情始于校园，到 2014 年已经是第十九个年头。第一次见到孙莉，是在 1995 年，当时已是北京电影学院研究生的黄磊负责接待报考的新生，一群女孩坐在那儿，他眼睛里却只看到了孙莉。黄磊至今清楚记得孙莉当时的样子："她穿一条紫色的裤子，淡黄色的薄外套，头发披散下来。第一眼就觉得，如果她能考上，我一定追她。"结果，孙莉还真考上了。有一天，黄磊对她说："你能做我的女朋友吗？"事情就这么自然地成了。校园里的爱情，算不上风花雪月般浪漫。两人常用的交通工具是自行车，每次孙莉坐上后座前，黄磊都会垫好一件毛衣，"这样她就不会硌着了！"那情景很像后来电影《甜蜜蜜》里的经典画面：黎明骑车载着张曼玉穿过香港街头，后座上的张曼玉轻抚黎明的腰，愉快地晃着双脚。

这场恋爱一谈就是 9 年。2004 年的一天，一大早，黄磊对孙莉说："咱们领证吧！"两人就直奔民政局。

婚后，热爱美食的黄磊变身"黄小厨"，美味佳肴样样拿手，但他从不让孙莉学做菜，"家里有一个人做就够了"。家里装修也由黄磊一个人搞定，孙莉曾说："我什么都不用操心，因为黄磊会给我所有问题的答案。"

2006 年，黄磊和孙莉的大女儿出生，小名多多。2014 年年初，他们又迎来了小女儿。在黄磊眼中，孙莉天性淡然。"她对包包和衣服的牌子没兴趣，有时收到奢侈品会转送给别人。她也不擅长制造浪漫和惊喜，只是默默地完成作为妻子和母亲应该做的事。"

在新书《我的肩膀，她们的翅膀》中，黄磊这样描述自己的爱情："我们就这样一直厮守，不离不弃成为我们今天的爱情信仰。我们有过怀疑、痛苦、挣扎，甚至是放弃，但爱对方就注定要消化这些。"

"那唱歌的少年已不在风里面，你还在怀念那一片白衣飘飘的年代"——叶蓓《白衣飘飘的年代》

黄磊说，他人生中最美好的时光是20世纪的最后10年，"那是我真正熟悉这个世界，张开双臂拥抱它的开始"。

1990年，19岁的黄磊在北京电影学院开始了自己的大学生活。舞台对他来说，并不陌生。他的父亲是一名演员，曾在中央实验话剧院演了十几年话剧。全家搬来北京之前，黄磊的童年是在江西话剧院度过的，5岁时就曾登台表演。学生时代的黄磊，热爱文学，喜欢诗歌。

20世纪90年代初，是校园民谣风行的年代。表演系二楼的一间教室，曾是黄磊排戏的地方，也是他和高晓松、郑钧、老狼的聚点，几个人聊起音乐、艺术就没完。饿了，就转战校门口的一家小饭馆，"那是无论怎么喝啤酒，体重都超不过65公斤的年龄。"黄磊笑着说。

1995年，黄磊被导演于仁泰选中，与张国荣、吴倩莲一同出演电影《夜半歌声》。故事发生在20世纪30年代，影片中黄磊饰演剧院里新来的演员韦青，他长发飘飘，身上散发出十足的书卷气，即便站在张国荣身旁，也不输飘逸俊俏。随后，黄磊又相继拍摄了由张爱玲小说改编的《半生缘》、讲述民国男女情爱纠葛的《夜奔》等多部电影。

1999年，由黄磊、周迅、刘若英主演的电视剧《人间四月天》热播，黄磊在其中扮演诗人徐志摩，这一角色奠定了他"文艺男神"的地位。不少人看完剧后，认定徐志摩就是黄磊这个样子。曾有观众跑去书店想买徐志摩的书，结果脱口而出却是："有没有那个写《再别康桥》的诗人黄磊的书……"那段时间，从《人间四月天》到《橘子红了》《似水年华》，黄磊的荧屏形象都贴满了"文艺""儒雅"的标签。

2005年，黄磊推掉所有工作，专心在家陪伴怀孕的妻子。一年后，当他重新面对观众时，发现这个世界变了。

"你我在各自一端望着大河湾湾，终于敢放胆嬉皮笑脸面对人生的难"——李宗盛《山丘》

2009年，黄磊接拍赵宝刚导演的电视剧《婚姻保卫战》，剧中他一改昔日忧郁儒雅的书生形象，饰演一位"家庭煮夫"，这可以说是黄磊的转型之作。之后他又摇身变成都市喜剧《男人帮》中"天然呆"的小男人，《夫妻那些事》中的经济适用男，爱情剧《我爱男闺蜜》中的"男媒婆"。有观众遗憾地说，进入不惑之年的黄磊，走下"神坛"了。黄磊却用李宗盛《山丘》里的一句歌词，云淡风轻地解释了一切："我这是'终于敢放胆嬉皮笑脸面对人生的难'了。"

《环球人物》：你前几年就说过，这个世界变了，你指的变化是什么？

黄磊：突然间，我拍的、写的东西没人看了，说准确点是没人播了。这时，正好话剧《暗恋桃花源》找到我，于是就专心去演话剧。后来，又"苟延残喘"地拍了《家》和《四世同堂》，业内人士都给予了很高的评价，但播出情况并不理想。那时正流行古装武打戏，也有人找我拍，但是我体育不好，还是算了。

《环球人物》：也是从那时开始，娱乐节目大行其道，全民陷入一场娱乐狂欢，荧屏上很少再有文艺腔的戏了。

黄磊：不仅是娱乐节目，还出现很多戏，我都无法理解。那都是什么啊？我有时会想，要不要永远保持沉默。有时沉默是因为不屑，但大家会以为你是无能，是懦弱，或是根本不够资格发声。而争辩的结果，说高级了叫"文人相轻"，说低俗点就是"骂街"。这有什么意义？

《环球人物》：你是觉得现在的娱乐圈太喧闹了吗？

黄磊：娱乐圈中有些人不干正事，只负责娱乐、提供新闻。但也有一句话说"不是他们太喧闹，而是剩下的人太沉默。"还有很多人在潜心创作，包括演舞台剧、教学。创作是自我认知、自我价值实现的过程，这样才活得有劲。

《环球人物》：近年来的一系列新形象，对你来说，是一次被迫的转型吗？

黄磊：这其实是一种自嘲，是演喜剧必备的精神。喜剧是演员比较成熟的阶段才能驾驭的题材类型。它不是靠说戏谑的台词，做鬼脸就能完成的。以前我演不了喜剧，因为太爱护自己，但现在我把自己丢出去了。

《环球人物》: 做这样的突破是你早就想到的？

黄磊: 我在这个行业中并没有心存梦想。现实环境就是如此，多数拍摄题材都受限制。行业的主导并不是创作者，而是投资方、电视台和买片方，我们只是在夹缝中求生。我常叹息，看着这个行业正朝我无法理解的方向转变。

《环球人物》: 会因此感到沮丧、失望吗？

黄磊: 我是个悲观主义者，悲观就是清醒，就是看得通透，所以不会因为眼前的事产生困顿感。再说得具体点，我算是整体悲观，但细节乐观的人。总比整体乐观，细节悲观的人强，这些人总觉得明天会更好，然后为眼前的事发愁。但是我知道，眼前的没什么不好。

《环球人物》: 现在有人感叹，曾经的文艺青年都去哪了？

黄磊: 25年前，海子在山海关卧轨，所以我说，文艺青年只有两个方向：一个是卧轨，叫远行；一个是嬉皮笑脸了，叫作隐藏。原来那个文艺青年就在我心里，只是我不需要再和别人分享，是时候我们俩独处了。

我们生活在一个小时代里，我不想随波逐流，但我在随波逐流。我想过逆流而上，但不知道方向在哪儿。

《环球人物》: 这是一种妥协吗？

黄磊: 为什么我演了这几部戏，大家就觉得我放弃了自己？是观众放弃了自己，所以才看不见我。王朔变成别人了吗？没有，他只是不写了而已。

采访结束，我们又闲聊了几句。"看过电影《神鞭》吗？"黄磊突然问。记者摇摇头。

"主人公傻二有个本领，甩辫子击退敌人。八国联军入侵，洋人用枪打断了他的辫子。得知傻二没了'神鞭'，仇家就来报复。不料傻二手持双枪，发发命中。看着大惊失色的仇家，傻二指着自己的光头说：'辫子没了，神留着。'"（文 / 张忆耕）

朱亚文，在镜头前肆意撒欢

朱亚文，1984 年 4 月 21 日生于江苏省盐城市，中国大陆男演员，2006 年毕业于北京电影学院表演系本科。2008 年饰演了《闯关东》中的朱传武一角。2011 年获第 14 届上海电影节亚洲新人奖，2012 年凭借《远去的飞鹰》入围国际艾美奖最佳男演员。近几年，出演了电影《浮城谜事》《黄金时代》等，主演了《红高粱》《北上广不相信眼泪》《漂洋过海来看你》等热播电视剧。

采访朱亚文的时候，他正在上海拍摄新戏《北上广不相信眼泪》。之前他的很多作品都是年代戏，这次终于将出现在一部都市剧中。朱亚文是地道的南方人，却因为在《闯关东》中饰演一个山东汉子被大众熟识；他在荧屏上不断以硬汉形象出现，生活中却又是个不折不扣的"小清新"，喜欢听陈奕迅的歌，看余华的书。2014 年，他先是在电影《黄金时代》中饰演文弱的端木蕻良，又在电视剧《红高粱》中饰演雄性气质爆棚的余占鳌。

一时间，朱亚文成了一个很难归类的男演员。

找到能一起向前走的人

朱亚文 1984 年出生于江苏省盐城市，母亲是大学老师，父亲是转业军人。他从小家教很严，父亲对他进行军事化的管理，犯了错误要在门外罚走正步。后来，《闯关东》《情系北大荒》《我的娜塔莎》等很多场戏都在冰天雪地里拍，他是剧组里最能适应艰苦环境的。他扮演的军人形象，举手投足中也尽显刚毅气质。

朱亚文热爱表演，称它是"很真实、很饱满"的一个职业。在学表演之前，他学的是声乐，在电视剧《高粱红了》中，他饰演了一个唱歌爱走调的指导员，他打趣说："让一个会唱歌的人来扮演一个唱歌经常走调的人，其实非常困难。"他还喜欢以写诗来表达自己的情绪。当环球人物杂志记者问到这一点时，他不好意思地说："那不叫诗，只是胡说八道而已。"他写的诗中有这样一句：我是一盏灯／明眼人看到我会绕着走／盲人碰到我会觉得烫手。对此他解释道："很多人都说一看到我，就知道我是一个特别坚持自我的人，可能真的是相由心生。在娱乐圈的大环境里，想结交朋友又想减少伤害，最好的办法就是尽早亮明自己，这样能够让不适合的人绕开，尽快地找到能一起向前走的人。"

和他一起向前走的最亲密的伙伴是妻子沈佳妮。在前阵子热播的《北平无战事》中，沈佳妮扮演女主角何孝钰。观众戏称，2014 年的电视荧幕被这小两口"霸占"了。

朱亚文看起来有点大男子主义，实际上做得一手好菜。南方的家常菜他很多都会做，从买菜、清洗到烹制，甚至洗碗收拾也要由自己来。他说，热爱烹饪就是热爱生活。有人说他性格更像北方人，他自己则说："不分南北，我就是一个纯粹的男人。"

挂了个很大功率的发动机在身上

《环球人物》：听说《红高粱》的导演郑晓龙是从 20 多名候选男演员里选中了你。你怎样理解余占鳌这个角色？

朱亚文：莫言老师小说中的余占鳌只是在那样一个时代、那样一个阶级里努力活着的人，但他身上有着所有男性向往的生命力。他对于情欲的表达，电影中姜文老师曾经展示过，让那个时候的观众眼前一亮：原来电影还可以这么拍！导演跟我开玩笑说，在当时，这是一部关于性启蒙的电影。

现在，20 多年过去了，我们要把它拍成电视剧，首先，电视剧的容量要大得多，我们既不能触动原著中人物的性格和灵魂，又要把人物所有的细枝末节填补得特别丰满，让观众看到一个立体的余占鳌，看到他的成长。但重点还是他身上令人瞩目的生命力，如果能够把它表现出来，我觉得就起码答对了关于余占鳌的第一道题。

《环球人物》：据说这个过程非常累，是一个"自我摧残的创作过程"。

朱亚文：进剧组时，我的体重大概有 160 斤。一个男人要霸道是需要体能的，当我的体能承受得了这份狂躁的时候，我就可以开始在镜头前肆意撒欢了。还有就是情绪上的，余占鳌对于事情的理解直接火爆，好像是随时都挂了一个很大功率的发动机在自己身上，我不能把自己一点一滴的疲惫、懈怠、忧虑的情绪，写到角色脸上。

《环球人物》：你怎样理解他和九儿之间的那段感情？

朱亚文：小说中的余占鳌是特别有农民智慧的一个人，但是在这部戏里，我们把思想上的核心力量赋予了九儿这个女性。因为情感的关联，她对余占鳌产生了很大影响。电视剧里为九儿加进了一个初恋情人的角色，后来她父亲把她卖给了单家。在对于未来生活的恐惧和抗拒中，余占鳌出现了，成为她可以依赖和借助的力量。

《环球人物》：说说大家都关注的"野合"那场戏吧。

朱亚文："野合"那场是两个人都到了自己命运的拐点，余占鳌在此之前为九儿杀了人，九儿则走向人生的最低谷。在那样的时刻两人产生碰撞，其实是在宣泄各自的不满和反抗。余占鳌去找九儿，他对这个女人动了情，同时，他又认为我救了你，即便我睡了你，你也不能给我说一个"不"字。九儿一开始抗拒，最后又主动把余占鳌拉入怀中，因为她知道眼前这个孔武有力的男人，比她即将面对的未来要好很多。两人的这种关系就这样一辈子都斩不断了。

忘掉技巧，走向人心

《环球人物》：之前看《黄金时代》，你扮演的端木蕻良非常文弱，有点优柔寡断，跟余占鳌是很大的反差。

朱亚文：这两个人物是我在一年之中经历的两个最极致的男人。一个像棉花，一个像顽石。在塑造这两个人物过程中，我也是非常纠结，尤其是端木蕻良，因为他和我本身的个性太不一样了。

《环球人物》：你演了不少硬汉，为什么许鞍华导演会看中你来出演这个角色？

朱亚文：非常感谢她给我这个机会。一直以来我都仰视我创作的所有角色，他们的传奇跌宕，是我永远望尘莫及的。在仰视端木的过程中，我努力去贴近他，让我也看到了自己身上软弱的地方。

端木从小和母亲一起生活，他是一个对女性有极度依赖的人。他对旧文化有莫大的钟情，文笔中流露出很多旧气，但是，他凭着自己的喜好去写，是最本真的作家。萧红也是一样，他们两人都不是那种思想性的作家，而是坚持"我写我想"，所以他们俩在某方面投缘。

《环球人物》：你个人从文艺大片的拍摄过程中收获到了什么？

朱亚文：在《黄金时代》之前，我其实是一个特别纯粹的电视剧演员，电视剧有很多的技巧在里面，而技巧是离人心很远的。我在《黄金时代》拍摄过程中，从一开始就努力忘掉技巧，走向人心。反思自己这些年创作上的问题，其实是很汗颜的。这部电影对于我来说，是一次重新开始。

　　现在，我再接触一些娱乐性、商业性十足的题材时，也不会再迷失方向了。因为我已经可以安静下来。（文／赵晓兰）

袁弘，做历久弥新的"小弘花"

袁弘，1982 年生于武汉，毕业于上海戏剧学院表演系。在多部影视剧中担纲主演，代表作有《步步惊心》《秀丽江山之长歌行》《平凡的世界》《远大前程》等。

袁弘的微博头像是一只龙猫，早先看宫崎骏电影《龙猫》时，袁弘就对这个又萌又暖的形象一见钟情。他有 3800 多万的微博粉丝，粉丝们亲切地称呼他为"小弘花"，据说这是好友胡歌送给他的雅号。而在另一档热播的真人秀节目《我们来了》中，他第一次作为主持和汪涵搭档，簇拥在一众女星之中，充当护花使者，即便如刘嘉玲、莫文蔚这样年长的明星，也拍着他的肩膀一口一个"老袁"。看得出来，他在圈里的人缘着实不错。

在宁波象山采访袁弘那天，他从《远大前程》剧组收工时，已是晚上11 点多，再回到下榻的宾馆，已到了午夜时分。一天的拍摄加上来回舟车劳顿，疲惫是自然的。但面对记者他仍然坐姿笔挺，脸上毫无倦意。

"所以这种工作节奏是你生活的常态？"采访正式开始，《环球人物》记者看了下表，已是深夜1点。

袁弘想了想说："是的。"

"是不是太拼了？"

"作为演员，有那么多人喜欢你，捧着你。你得到的名和利都比别人多。拼是应该的。"

高手过招最兴奋

白天在《远大前程》剧组探班时，《环球人物》记者就见到了这样的情形：为了遮挡自然光线，用人工打光塑造更完美的光影效果，偌大的一个摄影棚被一块巨大的黑布笼罩了起来。摄影棚内的置景，是一个类似百乐门式的老上海歌舞厅。主演、群众演员、剧组的工作人员，加上一时涌入的媒体记者，摄影棚内人头攒动。

当天的温度本就不低，再加上整个屋子密不透风，棚内几盏高瓦数的大灯照射着，片刻就让人透不过气，盛装的演员们头上很快就渗出了汗珠。透过拥挤的人群看到袁弘，周围的嘈杂看似一点都没有影响他，他始终目光专注，神色淡定，似乎凝神在与现场完全不同的另一个时空里。

其实袁弘并不是这场戏的重点。镜头的焦点是郭采洁。这位上海滩的大小姐第一次惊艳亮相，出现在袁弘饰演的男主角齐林的世界里。而此时的袁弘，还穿着破破烂烂、不伦不类的服装，在富丽堂皇的社交场合中显得格格不入，充当着人肉背景板。镜头还没来得及捕捉他对"女神"一见钟情、失魂落魄的模样。

"齐林"即是"麒麟"的谐音。片中他和陈思诚主演的洪三本是一对混迹于苏州街头的"小瘪三"，后来到了上海滩鱼龙混杂的花花世界。龙生九子，其一是麒麟，名字就预示他后来是要飞黄腾达的。20世纪20年代的上海，风起云涌，各色人物你方唱罢我登场，直到抗日战争爆发，他们最终都被淘洗出不同的底色。"这是一个大时代里，小人物命运沉浮与选择的故事。"袁弘说。

片子的阵容豪华，有倪大红、赵立新、富大龙、金士杰、果静林等资深戏骨的加盟，还有陈思诚、佟丽娅等当红青年演员，"小鲜肉"刘昊然等，"这个戏不拼颜值、拼演技。演员表演就像武侠小说中的打斗，高手过招永远是让人最激动最兴奋的。"

"有一次听富大龙讲完一大段台词，我完全被他感染了，忘了自己还要演戏。"尽管累，但袁弘说每天开工都是一种很幸福的状态，每天收工回到房间，都需要放空一会儿才能入睡。"当演员最大的幸福，大概就在于这种创造的激情。"

宅男心，浪子身

袁弘称自己是"宅男心，浪子身"，时常以剧组为家，过着封闭生活，即便如今结了婚、成了家还是如此。《远大前程》剧组入驻象山之前，先是去的横店。作为曾经的"横店小王子",他之前已经有 3 年不曾踏足这里,但一切对他来说依然那么熟悉。有一次坐在车里,司机师傅找不着路,他连眼睛都不用抬,"下一个路口,右转"。

袁弘是以古装戏起步的,2003 年还未从上海戏剧学院毕业,就出演了电视剧《天下无双》。2006 年,在胡歌、林依晨版的《射雕英雄传》中,他出演杨康,俊美的古装扮相引起关注。

出道后 8 年,他演了一水儿的古装戏,虽有了些知名度,但影响力只能算不温不火。袁弘本人也不紧不慢。特别是拍摄《射雕》时胡歌车祸受伤,他索性那一年也没接戏,在别人看来,他就是在蹉跎中度过了自己的 25 岁。袁弘说这可能与他从小的性格有关,他生长在一个幸福美满的家庭,父母对他从来都是放养多过于管教干涉,所以向来自由散漫,随性而知足。

后来令他打开局面的还是古装戏,2011 年大热的穿越剧《步步惊心》,上演了清宫里"九子夺嫡"的惊险剧情。袁弘饰演的十三阿哥胤祥与众位拜倒在女主角裙下的王子不同,虽身在皇室,居庙堂之高,却有一颗洒脱不羁的侠骨丹心。他与女主角的关系超越了一般的男女之情,是性情相投又彼此欣赏的"知己"。袁弘赋予了这个角色独特的魅力。

他被定型为古装剧中的翩翩美少年,在荧屏上被粉丝们远远地观瞻,说白了又有些不接地气。而立之年后的袁弘越来越不服气。"我是个演员,而不是个艺人,我应该有能力去挑战和塑造各种角色。"于是他接演了《转身说爱你》《咱们相爱吧》《杠上开花》《平凡的世界》等现代剧。

拍《平凡的世界》时，袁弘怀着赌气和较劲的心理，在陕北黄土高原，他穿着满是补丁的衣服，度过了几个月没有手机信号、没有厕所的原生态生活。他每天只吃清水白菜，高强度工作之外还努力健身，减肥20斤。"我饰演的孙少平就处于极度的困境之中，饿到极致还要干很多体力活，并且选择走出去，经受更多的苦难。"而他也通过对自己身体和心理的双重磨炼，实现了和角色的精神沟通。

相比以前，袁弘说自己如今多了一份企图心与方向感。仍然不那么功利，但多了一份坚持。这种转变的背后是对这个职业的认同与热爱，"当初考上上戏、进入演艺圈有些盲打误撞，就像被命运之手推着，感觉是懵懂的，但现在觉得很幸运。"

高颜值段子手

袁弘和女演员张歆艺结婚之后，两人经常在微博互黑，你来我往的"互相诋毁"中透着浓情蜜意。而袁弘对记者说，这不是秀恩爱，这是他们生活的常态。

有人说，在这个时代，当你颜值不够时，唯一的出路是做一名逗比。袁弘却任性地要做一个高颜值的逗比。他在微博上化身段子手，比如有粉丝们夸他帅，说：有没有被自己帅醒？他回应：从来没有睡着过。"特逗，特欢脱。"网友评价。

袁弘从小喜欢看书，《环球人物》记者问他最近看过什么好书，他一口气列出很多：杨绛的《将饮茶》、茨威格的《人类群星闪耀时》、唐德刚的《五十年代的尘埃》……并且还带着自己的见解，比如他说自己读欧亨利的短篇小说集，总是被结尾惊艳，仔细琢磨，发现前面有着千丝万缕的巧妙铺垫，然后恍然大悟。丝毫没有掉书袋的感觉，看得出来他沉浸其中。

他还喜欢读诗、写诗，自我调侃，"段子手是主业，诗人是副业，演员是作业"。在拍《步步惊心》时，他扮演的十三阿哥胤祥被禁足，导演让他找首诗写，渲染一下气氛。他索性自己作了首诗：风萧雨霖几时休，陋窗寒舍皆叹幽。醉饮残酒忆昨日，红烛酥手刺白头。"如今许久不写诗，手艺生疏了"。他时不时还会在微博上晒些诗句，但又自带逗比属性，比如读到唐代诗人陈陶那句著名的诗句"今人地藏古人骨，古人花为今人发"，他点评："陈陶，一个与胡（福）建人民为敌的诗人。"的确，福建人读这句诗真是太费劲了。

袁弘兴趣广泛，可以担任美国职业男篮比赛中国转播的嘉宾主持，也能担任奇葩奖项菠萝科学奖的专家顾问，"向所有的好奇心致敬"。他主持《我们来了》，时而暖心、时而令嘉宾捧腹，受到汪涵的高度评价："袁弘对节目的节奏拿捏特别准确。他表里如一，敬业坚持，对所有人的爱都是发自肺腑的。"

不可否认，如今是个小鲜肉当道的"美颜盛世"，但另一股潮流却也在兴起——Smart is the new sexy（聪明是新的性感）。袁弘显然要投奔后者，他说："看脸并没有错，娱乐圈从来都是看脸的。但在这个圈子久了，就不再满足于浮光掠影，总会有野心想要创造出一些更有生命力的东西。"

在他看来，没有一块"小鲜肉"能永远保鲜。他要做夏日暖阳里的"小弘花"，也要做历久弥新的演技派，皮糙肉厚的"生猛海鲜"。（文 /赵晓兰）

杨紫琼：和俞秀莲像老友重逢

杨紫琼，1962 年生，马来西亚人。1983 年当选马来西亚小姐。1985 年主演《皇家师姐》系列电影，成为著名女"打星"。代表作有《卧虎藏龙》《天脉传奇》等。

见到杨紫琼，第一印象是她的"骨感"。女明星大多都瘦，这样上镜才好看，但杨紫琼的"瘦"仍然颇有些冲击力。她脸上棱角分明，穿着紧身的 T 恤和开衫，两条细细的腿包在铅笔裤里，整个人显得飒爽、精干、利落。

因为忙于新片《卧虎藏龙：青冥宝剑》的宣传，她的时间被安排得密不透风。采访前，她刚从中关村某演播室驱车赶到国贸，体验了一把北京黄昏高峰期拥堵的交通。她坐倒在椅子上，喘着粗气："参加那么多活动，说得太多，我的中文都快用光啦！"但采访一开始，她立马正襟危坐，认真聆听记者的提问，精神抖擞地当一名称职的受访者。

她的中文的确不太流利，言不及义的时候，就辅之以身体的动作，尽显一名演员的本色。她的声音很爽朗，笑得很大声，让人想起李安对她的评价："已经成为大明星了，还有那份纯真在。"这是一个愿意将真心袒露、不设防的女人。

这一次是真打

作为一个成名多年的国际女星，杨紫琼接戏不算多，曝光率也不高。"因为我通常只能专心做一件事，而且做了就想把它做得最好。"她对《环球人物》记者说。之所以接这部新片《卧虎藏龙：青冥宝剑》，少不了是因为当年的情怀。

《青冥宝剑》是李安导演的经典之作《卧虎藏龙》的续集。原先的武术指导袁和平担当了新作的导演。故事讲述了俞秀莲在归隐多年之后，因为一个承诺而重出江湖，铤而走险守护青冥宝剑的故事。"这部影片将告诉你一个新的江湖。"

李安被称为"文人导演"，而袁和平武术指导出身，两个版本的片子自是有了很大的不同。杨紫琼对记者说，新作的节奏更快，"当年李安拍那部片子，是要将华语电影打入美国，所以他讲故事是很慢的，要一步步地将江湖道义、规则向西方观众讲清楚。而现在，全世界的人对中国的武侠世界都有了一定的了解。片子可以更快地进入主题。"

她还点出了两部电影"打戏"的不同：原作不论是俞秀莲和玉娇龙的打斗，还是李慕白和玉娇龙在竹林里的较量，都不过是借武术来实现情感的沟通与交流。"你认为他们是真的在打吗？不是的。而这一部里才是真正的正邪较量，你死我活。"

10多年前的《卧虎藏龙》，李安向西方观众展现了一个东方的武侠世界。这一次，从编剧、摄影、剪辑、视觉特效到美术设计等，袁和平率领的幕后班底，完全是一个国际化的制作团队，其中有好几位还是奥斯卡得主。700多位来自不同国度的专业人员，制作了这部电影。时代变了，续集变成了一个由全世界人合力讲述，并面向内地市场的中国故事。

原作中周润发饰演的李慕白、章子怡饰演的玉娇龙等，都已成为"故人"，只有杨紫琼还担当着新作的灵魂人物。与她搭戏的男主角变成了动作明星甄子丹。"你问我为什么要继续出演俞秀莲，那是因为这个女人从一开始就和我有着深厚的联系。她的内涵、爱心、责任感是我欣赏的。我很好奇，她经历了那么多的痛苦，10多年后，变成了什么样子？"

仿佛是一对多年未见的好友，借着拍戏又重逢了。她们互相审视着对方，道了一声问候："嘿，你还好吗？"

上了保险业的黑名单

杨紫琼从小生活在一个殷实和富有声望的大家庭里，她的父亲是马来西亚一名德高望重的律师，曾被授予"拿督"爵位。4岁的时候，杨紫琼开始学习芭蕾舞，15岁赴英国皇家舞蹈学院学习舞蹈和艺术。后来因为脊柱受伤，她终止了舞蹈生涯。1983年，她参加选美大赛，长相甜美又多才多艺的她成功当选为"马来西亚小姐"。在朋友介绍下，她又去香港和成龙一起拍广告。本来要走的是名门淑女的路线，不想就此步入了香港演艺圈。

她的第一部电影是1984年的《猫头鹰与小飞象》，片中她与动作明星洪金宝合作，饰演了纯情玉女的形象。但是她后来没有延续这样的路线，一来因为她不会说中文，文戏演起来相当吃力。二来因为她的性格，实在不习惯老是在一旁装模作样地喊着"英雄"来救命。"不如我自己来喽！"杨紫琼耸耸肩，微笑着说。

正好她自身也有着舞蹈的底子。在拍戏的时候，她观察洪金宝和武师们的打斗，"一招一式不就是舞蹈吗？"轮到她来，随便一踢脚也能高过头顶。所以她跟着洪家班一起排练，就此走上了一条"不归路"。

1985年的《皇家师姐》是她的成名作，接下来的《皇家战士》《中华战士》等奠定了她香港头号"打女"的地位。

她的性格中有着好强、不服输的因子："那时候如果武师问我这个动作能完成吗？我的回答一定是'可以'。因为拼命想证明，我虽然是女的，可我不比你们差。"她也为此付出了很大的代价。1992年，和成龙拍《超级警察》时，在高速公路上从一辆飞驰的汽车跳到另一辆汽车上，她被甩了出去，差点还被另外两辆车碾过。

"成龙大哥拍戏出了名的不要命，所以您也跟着一块儿不要命？"《环球人物》记者问她。"我们不是不要命。不过当时真的是超有信心，好像觉得自己就是'superwoman'，什么动作都能做。"

但她并不是女超人。1995年拍摄《阿金的故事》时，她要从十几米高的大桥上跳下。她克服自己的恐高症往下一跳，身体多处骨折，断了 3 根肋骨，当时完全不能动弹。导演许鞍华满脸泪水，见惯大场面的洪金宝也吓得说不出话。她和成龙、李连杰一样，上了香港保险业的黑名单。

就连好莱坞的大门也挡不住这位"拼命三娘"。1997 年，在《007：明日帝国》中，杨紫琼成为可以和邦德并肩作战的邦女郎。在她的衬托下，反而皮尔斯·布鲁斯南的动作倒显得有一些笨拙和蹩脚，还落入了"美人救英雄"的尴尬。"我从来不认为自己是花瓶，甚至在心里有些认为，自己就是邦德！"

李安捕捉到她的脆弱

选择"打女"生涯，杨紫琼便选择了一条最没有捷径的道路，强行闯入了一个男人称霸的世界里。她也曾纠结过，因为女人在体能上终究不能和男人一较短长。但媒体和大众视野里的杨紫琼从未退缩，给人的印象始终是乐观、坚韧、顽强。

只有李安捕捉到了她的一丝脆弱。那是在拍《卧虎藏龙》她最后一场哭戏的时候，李安说："她那个哭不是假哭，是真的肝肠寸断。我看演员多年，他们干什么，真、假，我都清楚。我晓得她哭的不只是俞秀莲的委屈，而是她自己有多少辛酸！"

杨紫琼说起李安充满感激："他带我走进人物的内心。要知道，动作做得再漂亮，观众看一会儿就会腻。只有内心流露的情感，才会让你和这个角色亲近。"

李安成功挖掘出了她作为一名演员而不只是"打星"的潜质，她的戏路更宽了。2011年，她主演了法国大导演吕克·贝松执导的影片《昂山素季》，影片和动作一点也不沾边。杨紫琼在举手投足、一颦一笑中释放出细腻的表演，演活了一位女政治家的气度。

片中，她饰演的女主角在大爱和小爱，家国大义和儿女情长之间拉扯，呈现出令人纠结的命运。"如果换作自己，会如何选择？"记者问她。"这太难了！我觉得谁也不知道该怎么办，直到那一刻真正来临。我们都以为自己会选择伟大，但只有真的事到临头，才知道自己是什么样的人。"

在真实生活中，她也曾面临抉择。她为爱息影，却经历了一段失败的婚姻。她也有过多次不欢而散的爱情。如今，她的伴侣是法拉利总裁让·托德，两人2004年相识相恋，经历了多年的爱情长跑，却迟迟没有履行婚约。"彼此给予对方尊重，并不需要那一张纸来保证什么。"这种对待感情的独立态度也让她赢得了更多的尊重。

如今杨紫琼长居法国，俨然一个国际公民。但她也有她的尴尬，在西方，人们认为她是东方人；而在东方，人们又认为说着一口流利英文的她是外国人。而她始终觉得自己的底色很中国。

青葱年华就步入演艺圈，从马来西亚走到香港，接着又只身闯荡好莱坞，人人都认为她是华人女性之光。在谈笑中，似乎连她自己都忘了多年动作生涯给身体留下的创痛。当《环球人物》记者问她是内心什么样的力量驱使她一路走得那么远，她说："就是觉得自己可以做得更好，可以更加完美。"（文 / 赵晓兰）

陈乔恩，孤独里开出灿烂的花

陈乔恩，1979 年出生于中国台湾，2008 年凭电视剧《命中注定我爱你》创下台湾偶像剧收视最高纪录。2009 年，她将工作重心转向内地，代表作有电视剧《佳期如梦》《笑傲江湖》《锦绣缘华丽冒险》《放弃我，抓紧我》，网剧《鬼吹灯之精绝古城》等。

如果要评选 2016 年上热搜榜次数最多的女明星，陈乔恩一定会在名单之内。上半年，她参加两档热门真人秀《旋风孝子》和《我们来了》，被网友封为"满满少女力"；到了年底，她的两部大戏《放弃我，抓紧我》和《鬼吹灯之精绝古城》热播，前者收视一路走高，后者口碑不俗，在一向挑剔的豆瓣拿下 8.8 高分。全年保持"在线"状态实属不易，眼看 2016 年就要过去了，在接受《环球人物》记者采访时，陈乔恩语气中透着一点疲惫，她说："新年的目标是给自己放个假。"

记者与陈乔恩的对话是从她并不那么繁忙的 2015 年开始的。这一年，她有大半时间花在了舞台剧《面包树上的女人》里，这部剧改编自张小娴的同名小说，陈乔恩诠释了一个女人花 10 年在爱情里蜕变的故事，并以此拿下了第四届北京丹尼国际舞台表演艺术奖最佳女演员奖。

提到接这部剧的初衷，她说："之前，我一部接一部拍戏，白天演少女谈恋爱，晚上演少妇去流产，出了产房补补妆又继续谈恋爱，感觉自己的电池一点点在消耗。"舞台剧就是她充电的方式。"与专业演员排练，学习他们演戏的节奏；演出时听到观众哭或笑，感觉特别震撼；到了谢幕，觉得能量全部回来了。"她形容那种感觉是身体虽然疲惫，但是内心已是电量满格。

这是她在演艺圈独特的生存方式：疲惫的时候隐忍、耐心地充电，如同她演外人看来"吃力不讨好"的舞台剧的 2015 年；在准备好的时候尽情绽放，如同她全面开花的灿烂的 2016 年。

被媒体称为"臭脸女王"

陈乔恩说话常带台湾女生的"诶""哦"等语气词，又伴着格外爽朗的大笑，有一种杂糅了娇媚和直爽的生动，很像她在《放弃我，抓紧我》中的角色厉薇薇。厉薇薇原本是一名雷厉风行的设计师，因为一次意外丢失了记忆，变成了 23 岁时懵懂的样子，彻底打乱了自己以及身边人的生活。

"其实失忆前后的厉薇薇也是我个性中的两面，有冷有热。只是以前的我可能更孤僻一些。"陈乔恩出生在新竹一个客家村，她是家中老二，上有兄下有弟，从小就没有像其他独生女一样受宠爱。母亲崇尚棍棒教育，要求她必须"读书好、成绩优"。"小时候成绩下降，回家后我妈就用枯树枝扎成一捆，打下去就流血。"她天不怕地不怕，唯一怕的就是亲妈，高中以前没和母亲牵过一次手，出道后第一次带着母亲住宾馆，她坚持分床睡。"我妈也打我哥，但我哥会到处跑；我就不，我会站在那让她打。"她从小就有种倔强气，被打完就跑到村子旁的墓地，在那儿一个人看书、玩耍，"我小时候是特别孤独的小孩，总觉得和人类没办法好好相处"。

高中时她立志当演员，去做模特拍广告，拍了几天发现广告明星根本成不了演员，决定一个人到台北闯荡。母亲只回了她一句："去吧，不行了就回来嫁人。"客家村的小姑娘只身北上，在大都市里什么都要靠自己。2001年，她签了经纪公司，在热播剧《薰衣草》里演一个很小的配角，过着小艺人"跑通告"的日子。那时候没钱，要搬家她连工人都舍不得请，晚上下了戏自己搬东西，自己开卡车，连着几天在一堆行李中间掰开一条缝躺下就睡了。

公司觉得演戏不赚钱，安排她主持旅行节目《中国那么大》。陈乔恩化身"小红恩"，从台湾旅行到北京，还坐着绿皮火车去了长白山，节目片段近年来传到大陆，在微博上掀起一阵"小红恩热"。"后来我跟着吴宗宪大哥主持综艺节目，他一要宝我就不会接话了，觉得自己离演戏越来越远。"其他明星采访时统统笑脸迎人，只有陈乔恩两眼无神沉默不语，就被媒体封为"臭脸女王"，"其实我真的只是因为害羞、紧张，不知道怎么笑、怎么说话"。

公司劝她"主持一周就三次，钱又多，演戏辛苦还没钱"，但她坚持要当演员。"那时候焦虑到三四天睡不着觉，还有幽闭恐惧症和强迫症，每天狂刷马桶，感觉那样才能解压。"2003 年，陈乔恩被雪藏，公司不给安排工作，她没有薪水，过得日夜颠倒。"有一天我白天睡太饱，半夜醒来，站在阳台上，看着台北市的夜景，对自己说，'要谢谢这些人，让我学会勇敢'。"

"我就问自己喜不喜欢"

2003 年底，陈乔恩被三立电视台副总苏丽媚点名出演偶像剧《千金百分百》，饰演一名一夜之间变凤凰的贫穷女。陈乔恩把握机会表现自己，这部戏拿下收视冠军，她顺利"退冰"。有人问苏丽媚，为什么要把陈乔恩这盘冷菜端出来，苏丽媚说："陈乔恩是鱼翅，冻久了一定要拿出来晒一晒。"

之后，陈乔恩开始了"台湾偶像剧女王"的征程。2005 年，她主演《王子变青蛙》，一举打破《流星花园》保持的台湾偶像剧最高收视纪录；2008 年，她与阮经天搭档主演《命中注定我爱你》，最高收视率达 13.64%，又刷新了自己的纪录，至今再没有一部台湾偶像剧超越这个数字。

"《命中注定我爱你》讲得是一个未婚妈妈的故事，那时候根本没有偶像女演员愿意演，后来公司就扔给我说'那么爱演，你去演好了'。我和小天（阮经天）都还算新人，每天催眠自己，要把这个故事当作自己的人生来演，特别投入。"就这样，她靠着一个"万人嫌"的角色，缔造了台湾万人空巷的电视剧神话。

《命中注定我爱你》的火蔓延到整个华语世界。2010年，湖南卫视引进该剧，收视率在全年度电视剧中排名第二位，陈乔恩也渐渐将工作重心转移到大陆。她做起了"北漂"。"刚到北京工作，对气候特别不适应，全身起疹子，半夜起来流鼻血，剧组每天一项必备工作就是给我买药。"

不过，更难熬的是面对基数更大的受众。2012年，她接下了古装剧《笑傲江湖》，演的不是看起来理所当然的任盈盈，而是最容易被骂的东方不败。有林青霞珠玉在前，网友们对陈乔恩开启了炮轰模式。"那时候微博下面全是骂我的人，有10条都在说'你凭什么演东方不败''你的头饰丑死了，是鹦鹉吗''滚粗'，可能只会有一条是说'你们别骂她了'。"后来，她关了评论功能，不让这些负面言论影响自己演戏。导演、监制都问她会不会难受，她说："肯定会有一点，但我就问自己喜不喜欢，我喜欢那就是对的，就必须全力以赴。"

"以前演戏会毫无顾忌地投入自己，用情感去充实角色；演多了就会去想怎样丰富细节。我努力把东方不败演成很有我个人风格的样子。"这部戏播出的时候陈乔恩"逃"到美国游学，一天她在纽约第五大道上听见有人喊她"教主"，那一刻她觉得自己成功扭转了颓势，在一片质疑中塑造了全新的东方不败。

"我越来越爱交朋友了"

2014年上真人秀《我们来了》时，几位女明星说起自己对友情的看法，陈乔恩哭着说："15年来，我把所有时间都拿去工作，在演艺圈几乎交不到朋友"。她习惯独来独往，到大陆工作后渐渐有了一些改变。"以前在台湾拍戏，一天结束了就各自开车回家。在大陆因为都住在剧组，大家下戏了就要组织去吃饭等等，有时候一进组就是三四个月，容易产生比较深的感情。"

往往，防备越重的人也是对感情最珍视的人。陈乔恩在大陆最好的朋友是乔任梁，他们一起合作过《春光灿烂猪九妹》《锦绣缘华丽冒险》等电视剧，而正在热播的《放弃我，抓紧我》是两人最后的合作。"他是一个特别绅士、特别会照顾人的男生，非常纤细、敏感。"2014年9月，乔任梁因抑郁症在家中离世，整个娱乐圈扼腕叹息。陈乔恩在微博中写道："你是我在这里认识的第一个朋友，一见如故，惺惺相惜。对不起对不起我的后知后觉，对不起对不起我没有多多地关心你……"陈乔恩说："人生无常，珍惜当下。现在的我也学着打开心扉，越来越爱交朋友了。"

女明星到了一定年纪，被逼问何时结婚是家常便饭。每次遇到这样的问题，陈乔恩总是表现出期待但不强求的语气："我一直觉得，如果一个女人能自给自足，然后活得很优雅，也是一种成功。"从小到大，她都是以这样的理念指导自己的人生步伐，在被雪藏的日子里，在不被理解的日子里，她学会了在孤独中积蓄能量。她开玩笑说："以后结婚，老公不用很有钱，但他也不能动我的钱。"这是很少女心的玩笑，也是内心强大的自白。（文／余驰疆）

宋慧乔，征服"太阳后裔"

宋慧乔，1981 年出生于韩国大邱，1998 年凭借喜剧《顺风妇产科》成名，2000 年因主演《蓝色生死恋》轰动亚洲，之后相继出演《情定大饭店》《浪漫满屋》等热门作品。2016 年 2 月，由其主演的电视剧《太阳的后裔》在中韩两国引发轰动。

当韩剧《来自星星的你》之后，亚洲就一直没能出现一部横扫各国的电视剧。如今看来，《太阳的后裔》极有可能再现当年"都教授"与"千颂伊"的辉煌。该剧以 150 万元人民币一集的"天价"被购进中国，中方采购平台给出的理由是：它有"剧王"的品相。

所谓"剧王"品相，无非就是指好剧情加好演员。《太阳的后裔》一改这些年韩剧小情小爱的风潮，讲述了韩国特种兵和外科医生的爱情故事；在演员上也效仿《来自星星的你》玩"姐弟配"，请来了当红"小鲜肉"宋仲基，以及资深美女宋慧乔。

戏一开播，就在韩国打破多个收视率纪录，在中国社交网络上也成为一股热潮。必须承认，这部剧最初吸引"粉丝"的，是宋仲基那张帅气的脸，他的微博话题阅读量迅速破亿；然而，转头再看眼他旁边顾盼生辉的宋慧乔，这才真的打心里发出感叹：流水的"小鲜肉"，铁打的宋慧乔。

35岁的宋慧乔出道也有20年了。与她同期的全智贤、韩彩英早已被叫作"欧尼（姐姐）"，唯有她依然被人们心悦诚服地称为"乔妹"。

二十年如一日地美着，把自己美成个楷模，宋慧乔也算是韩国娱乐圈的一大标杆了。

"无趣"的完美女人

大约15年前，中国媒体评选"韩国第一美女"，"70后"推崇金喜善，"80后"则力荐宋慧乔，还有人把宋慧乔的脸拿去做分析，证明她的脸是韩国女明星里最符合"黄金分割"的。当时，宋慧乔刚刚凭借《蓝色生死恋》红遍亚洲，开启了"韩剧女主必得绝症"的先河。在戏中，宋慧乔虽然还有些婴儿肥，但清纯模样惹人怜惜，就像个瓷娃娃，被奉为邻家女孩的模板，漂亮得毫无争议。2000年，她在各大颁奖礼上，获得最多的奖是"最上镜头奖"。

十几年前的韩国娱乐圈，比来比去也就那么几个新生代女明星，最耀眼的便是全智贤和宋慧乔。人们称赞全智贤性感、活力、有灵气，褒奖之词各式各样；而到了宋慧乔，词汇便出奇统一——漂亮。

她是真的漂亮，也是真的无趣，就像我们从小到大都会遇到的那种无懈可击的完美女生：家里的独生女，被父母捧在手心；长得美若天仙，学习努力刻苦；更要命的是还多才多艺，运动、钢琴样样精通。她就像韩国版的安妮·海瑟薇——因为太完美，所以总显得有些不完美。

宋慧乔的"无趣"，还来源于她过于客气的性格。她在拍《蓝色生死恋》时，对男二号元彬自始至终使用敬语，除了见面时说"您好""您来了"，剩下的交集就是对台词，等戏都拍完了，她的问候语才又多了一句"您用餐了吗？"

之所以这么客气，宋慧乔解释是因为"入行早，经常要求自己要礼貌"。她15岁就参加模特大赛出道，17岁凭借喜剧《顺风妇产科》中古灵精怪的"吴家小女儿"一角成名，到《蓝色生死恋》爆红，虽然才19岁，却早已深谙娱乐圈的规则——客气，是一种距离，也是一种自我保护。

走红之后，人美情商高的宋慧乔顺风顺水，一面拍着《情定大饭店》《洛城生死恋》这样的大制作，一面和比她大11岁的李秉宪谈恋爱。2004年，她主演喜剧《浪漫满屋》，成功扮演了一个天真、可爱的"傻白甜"女孩，摆脱了过去悲情女主角的形象。这部电视剧成为韩剧主流由悲剧向喜剧转型的序幕，宋慧乔也因此奠定了"韩剧一姐"的地位。

不过，在事业走上巅峰的同时，她的个人生活却遭遇了风波。先是和李秉宪分手引发国民讨论，又在拍摄《浪漫满屋》期间和男主角Rain传出绯闻。无奈之下，她关闭了自己的个人网页，独自前往美国修学，暂时远离了喧嚣的娱乐圈。

遇上不爱美的时代

2005 年，修学归来的宋慧乔与"喜剧一哥"车太贤合作爱情电影《我和我的女友》，出演一位身患绝症的校花，是她最得心应手的角色类型。大美女的回归并没有像众人想象的那般受到欢迎，宋慧乔的复出显得有些尴尬。当时，韩国电视圈已经不再是绝世美女的天下，个性反而成为重要指标：新人中，尹恩惠等女演员因为参加综艺节目积累人气迎头赶上；前辈里，"金三顺"金宣儿等人因出演接地气的"败犬女"（指 30 岁以上，高收入、高学历、事业成功，但无感情归宿的女性）角色大受欢迎。相比之下，不食人间烟火的完美女神宋慧乔就显得有些与大众脱节。

大概是急于转型，2007 年，宋慧乔出演电影《黄真伊》，演绎了韩国历史上传奇艺妓——黄真伊的一生。宋慧乔在戏中全裸出镜，却因此被观众"吐槽"身材矮小、气质不符，媒体还大肆拿她与当时正火的电视剧版《黄真伊》做比较进行观众调查，结果电视剧版的女主角河智苑的接受度远超宋慧乔。宋慧乔坦言，有一次，她看到报纸在批评自己的角色，哭着看完了报道，然后穿上低胸装继续满脸笑容地去宣传。

大美女遇上爱美的时代，光是站在那儿就光芒万丈；遇上了不爱美的时代，要从百花齐放的娱乐圈出头，就是举步维艰。

之后，宋慧乔出演电视剧《他们生活的世界》，作品本身远不如她和同剧男演员玄彬的恋情受到关注。

在大众市场的冷遇让宋慧乔转而向文艺片发展，出演了《恋物》《今天》等独立电影。在《今天》中，她扮演一个失去丈夫后一次次陷入混乱与纠结的纪录片导演，展现出了与以往不同的层次。不过，总体说来，那些年宋慧乔的作品总免不了一种命运——雷声大，雨点小。

韩国观众虽然口味日渐刁钻，但中国"粉丝"却对宋大美人念念不忘。2009年后，宋慧乔工作重心逐渐偏向中国。她在《一代宗师》里扮演叶问妻子张永成，花了大工夫练咏春拳，被王家卫称赞360度无死角的美；在《太平轮》里饰演苦等爱人的豪门千金周蕴芬，吴宇森把当年自己与妻子的恋爱故事都写给了她。

可惜，《一代宗师》里拼戏拼不过章子怡，《太平轮》又遭遇了票房滑铁卢。

与此同时，昔日劲敌全智贤靠着《盗贼联盟》《来自星星的你》东山再起，韩佳人、韩彩英也婚后风光复出，宋慧乔则显得有些力不从心——江湖一直有她的传说，可她却不再光芒万丈。

对不起，让你和姐姐合作了

之所以说江湖一直有宋慧乔的传说，不仅因为她的美貌声名在外，更因为她的高情商为她积累下好口碑。她每年都会给合作过的前辈发过年祝福，报得出每一个合作过的新人的名字，常年去流浪狗中心当义工。"没有架子"是韩国娱乐圈对她的一致评价，身边的人对她更是死心塌地。她曾目睹自己经纪人被剧组工作人员无端呵斥，就特地叫来工作人员让其向经纪人道歉，使她被评为"经纪人最想合作的女星"。她常说："我绝对无法忍受哪怕只有一个人觉得我是烦人的。"

因为人缘好，宋慧乔得到了源源不断的合作邀请，其中就包括了《太阳的后裔》。她说："到现在为止演了很多悲伤的角色，很久没有遇到一个明朗的角色了。这部戏里演的是医生，能说会道，喜欢喝酒，很豁达。所以，即便有我最讨厌的专业术语，我还是接下来了。"

第一次拍摄《太阳的后裔》时，宋慧乔见到 1985 年出生的宋仲基，就先道了个歉："对不起，让你和姐姐合作了，应该和更年轻漂亮的人拍才对，偏偏是和我，不好意思。"和当年拍摄《蓝色生死恋》一样，她的礼数仍然一丝不苟，只是客气里更带了一份自信和豁达，这便是时间和经历带给她的气度。

宋慧乔曾回忆小时候参加跑步比赛，本来一路领先，结果因为看了眼在加油的父亲，一分心就落后了，赛后她哭着发誓下次一定要拿下第一。这小故事展现了她外柔内刚的个性，也像极了她的人生——高开过，低走过，但始终没有服输。

《太阳的后裔》自 2016 年 2 月 24 日播出，到本刊发稿时还不足一个月，剧中男女主角的爱情线将走向何处，还不很明了。唯一明确的是，宋慧乔用一张二十年不变的容颜，和谦卑优雅的姿态，打了一场温柔的翻身仗。（文／余驰疆）

贾玲：师父都嫌我自毁形象

贾玲，1982 年出生，湖北襄阳人。毕业于中央戏剧学院相声表演专业，师从冯巩。相声代表作品《大话捧逗》《新白娘子传奇》《爱拼才会赢》等，曾获得央视春晚曲艺类节目三等奖，全国相声小品大赛相声一等奖。在《喜乐街》《百变大咖秀》等综艺节目中的表演，让她从相声演员"升级"为喜剧明星。

灯光打起前，舞台上穿着白色囚袍的"公主"，被敬业的道具师用粗麻绳一圈一圈地紧紧捆住。前排观众看得揪心，"公主"则满脸云淡风轻，还撒娇地问观众，"心疼吗？上来替我呗。"

"公主"的扮演者是贾玲，正在位于北京亦庄的一个大型演播厅里，录制一档全新的喜剧节目。

如今的贾玲，忙碌异常，参加真人秀、搞模仿、做美食、拍广告，还有一个接一个的电影邀约……人们似乎已经忘了她成名时的身份——

女相声演员。这其实也是 32 岁的贾玲有意为之。她曾经创办的"新笑声客栈"已关闭几年，与相声搭档白凯南合作的机会也日渐稀少。采访中，她反复向记者表示，现在更想拍戏或尝试一些别的节目，因为"女孩说相声，像是走错了澡堂子"。

因"错"得福遇贵人

在接受《环球人物》记者采访时，央视热播的即兴喜剧节目《喜乐街》刚刚收官。最后一期中，贾玲扮演的"大龄剩女"终于遇到真命天子，成功把自己嫁了出去。当记者问她生活中是否也"恨嫁"时，她先是点头，然后瞪大眼睛追问："你都替我着急了吧？"

"我爸从来没催过我，因为他觉得我是全世界最美的女孩。"不等记者反应，她又补了一句，"谁的爸都这样！"说完自己笑起来，露出两个标志性的酒窝。贾玲说话带着典型的相声演员的职业病，自己逗哏，又自己捧哏。

贾玲最初为全国观众所认识，是在 2010 年春晚上，她和白凯南表演了相声《大话捧逗》。演出中，以往的相声双人男搭档变成了男女组合，传统长袍大褂换成了时尚马甲。相声中表演的成分加多，满场的又唱又跳。这种被贾玲称为"酷口相声"的新形式，让观众眼前一亮，他们首次登台就获得了当年春晚曲艺类节目三等奖。

可谁又能想到，因相声而成名的贾玲，却是阴差阳错与之结缘的。2001 年，贾玲 19 岁，这位自小喜欢表演的姑娘，被中央戏剧学院戏剧和相声两个专业同时录取。学校把电话直接打到家里，让贾玲妈妈帮女儿选一个专业，结果贾玲妈妈把"相声表演"理解成了"喜剧表演"，觉得女儿平时说话特逗，挺有喜感的，便帮贾玲选了"相声班"。后来贾玲还哭丧着脸到学校改专业，但为时已晚，只能"将错就错"学起了相声。

因"错"得福。在相声班里，她遇到了生命中的贵人——冯巩。"冯巩老师是我的班主任，每周定期给学生上课，还要求大家不能像传统演员一样，只对着话筒张嘴，要会创新，会写相声本子，表演出个人风格。在他的指引下，我才逐渐对相声有了好感。"贾玲说。

毕业后，贾玲的姐姐曾打电话让贾玲回老家当公务员，一直认为贾玲"有灵气"的冯巩一听急了，接过电话说："你妹妹是好苗子，咱们宁为玉碎，不为瓦全。她在北京，混不出来我管着。"这句话，让贾玲过上了"北漂"生活。刚毕业时，她租了间不到10平方米的地下室。"有次我忘带演出服，师父陪我回家取，出来后，他对我说'我不保证别的，但至少要让你把这一年的房租钱挣到。'"

2011年的春晚，贾玲却没第一次那么幸运，最后一次彩排结束后，她突然接到导演组通知，自己的节目被毙了，而此时距离春晚开播不到24小时。为了安慰贾玲，当天晚上冯巩夫妇一起特意拿着大闸蟹到贾玲家来陪她。

每每谈到师父冯巩，贾玲言语间都充满感激。她坦言冯巩给自己带来了非常大的影响，"我严谨、较真儿的劲儿是跟他学的，排练爱发脾气也是跟他学的"。

只要观众喜欢，我都能演

"女孩说相声到底难在哪里？"几乎每个采访贾玲的记者都会问这个问题。而她则会一遍遍地解释："关键是表演的尺度不好把握。太放得开，观众会看着不舒服，因为东方人的观念里女孩还是要含蓄一些；要是放不开，更糟糕，不仅很难展现一个人的幽默，还会给观众留下扭扭捏捏的印象。"

"春晚后，我是红了，但没真火"，贾玲这样描述当时的处境。此后很长一段时间，她一直不温不火地走在相声这条路上，直到 2012 年接到明星模仿节目《百变大咖秀》的邀请。节目中，贾玲颠覆形象，模仿梦露、李宇春、千颂伊，也反串王宝强、刘欢、火风，极具个性的模仿和搞笑功力令观众捧腹，也一步步获得业界的认可。2014 年，央视一套喜剧节目《喜乐街》开播，作为主演的贾玲，在无台本、纯即兴的情况下，展现出的喜剧天赋和机智应变能力屡屡给观众带来惊喜。

其中一集，范明饰演的"二舅"为了拓展自己的煎饼事业来到城里的贾玲家。初见"二舅"的贾玲，蹲在沙发上边吃煎饼边和他唠起了家常。聊到兴起时她接到导演指令：演唱豫剧。贾玲哭笑不得，现场调侃道："吃着山东的煎饼唱着河南的豫剧，导演是怎么想的？"此话一出，连发令的导演都忍不住笑场。

有的女艺人在综艺节目中不计形象地搞笑表演后，回到后台甚至会偷偷落泪。夸张的喜剧表演对女演员来说，心里难免有道坎。但贾玲几乎没有这个包袱。"我本身就是一个喜剧演员，这种心理建设早就做好了。在《喜乐街》和之前的《百变大咖秀》中，我有很多颠覆性的演出，比如反串，粘大胡子等。我师父（冯巩）都觉得我自毁形象，他总说，你又不是不能演戏，干吗非要去模仿大胡子的火风，没胡子的刘欢。我说，哎呀，那不是观众喜欢嘛……反正我就劝着哄他呗。"

在表演领域一步步取得成绩的她，也开始思考自己未来的道路。贾玲说自己曾看到作家池莉在一本书里写道：男人不能嗑瓜子，女人不能说相声。的确，遍数当下相声圈，女性的身影寥寥无几，中戏从2001年至今只招收过两届相声表演班，当初贾玲班上有10个女同学，如今其他人都转了行，只剩她一个。

连师父冯巩也想明白了，女孩说相声太不容易。前几年相声比较火爆时，冯巩希望把贾玲当作一个榜样，能带出更多女相声演员。后来他渐渐地认识到，男人做这件事情都很难，更何况女人。

把工作重心从相声表演转移到喜剧表演上，对贾玲而言，既是出于本身对后者的喜爱，也是一种不得已的选择。"其实，只要是喜剧类的东西我都喜欢。"她对记者说："暂时'冷落'了相声是因为现在实在没有好的本子。好的相声需要天时地利人和都具备，就像2010年春晚的《大话捧逗》一样。"

再瘦一点就完美了

在昔日搭档白凯南眼中，贾玲执着、直率，忘性强，"有一回，她给我打电话说邹老师（相声编剧）今天从沈阳回来，你来我家商量节目吧。我兴冲冲去了，等到很晚邹老师也没来。原来，她给我打完电话，却忘了通知邹老师。"

贾玲的好吃更让白凯南津津乐道："'好好吃'是她的口头禅。也吵过减肥，可是……"贾玲的姐姐这样回忆，"她一两岁长牙时，妈妈就说这丫头真能吃，别的小孩吃小片的苹果，她却抱着苹果啃。换牙时，把牙啃掉了，却还坚持啃。"

为了学做好吃的，最近贾玲还参加了一档美食类节目。她也毫不遮掩自己对"吃"的喜爱："美食能让人心情变好，而且吃饭的时候能聊天、能谈感情、能说业务。开心的时候大家要聚餐，不开心的时候，吃点东西能发泄一下。"

贾玲曾评价自己，"再瘦一点就完美了"。如今，眼看着继续飙升的体重，贾玲也很无奈，"工作越忙，压力越大，我越胖。"她忙得顾不上在意体重，也顾不上自己的"大事"，以至于都开始羡慕起古代的婚俗，"古代多好，到岁数了就有媒人来说亲，当天晚上撩盖头的时候见第一面，多省事儿。"

记者和她开玩笑："现在很多年轻女演员都争相扮女神，心里会不会羡慕？"贾玲一边笑一边摇头："谁不想当女神啊？但也要认清楚自己的实际情况。不过，连郭德纲都是男神了，所以我也可以做相声女神、喜剧女神。"

性格开朗的贾玲，在记者圈里一直有着好口碑，她乐于接受各种访谈活动。可如今，采访安排却出奇地少，包括我们这次邀约都颇费周章。贾玲解释说："以前总想着多做访谈宣传自己，后来师父告诉我，什么都没有多出作品有用，这样观众自然会了解你。'不需要在节目里，说自己多苦多累，自己怎么怎么着，这些，都是你应该的！'"

采访最后，记者问她，今后还会重返相声舞台吗？贾玲突然严肃起来，反问道，"你能记得近 5 年来最好笑的相声吗？"记者摇头，她感慨道："其实大家能记得的相声都离我们非常远了……"（文／卢楚函）

张碧晨，市场选中的"好声音"

张碧晨，1989 年出生，天津人，歌手。2014 年第三季《中国好声音》总冠军。2013 年加入韩国女子组合"sunny days"出道，曾获"K-POP 世界庆典"最优秀奖。

音乐选秀节目的尾声总是一场盛大的娱乐狂欢。这场视听盛宴永远建立在无数被淘汰选手组成的基石之上，一层层垒上去，最终堆出一个金字塔尖。对于第三季《中国好声音》来说，这个塔尖就是张碧晨。

冠军之争的夜晚，北京首都体育馆成为镁光灯下的焦点，舞台上的张碧晨从头至尾都显得紧张，这个尚未完全褪去青涩的女孩在最后听到自己名字时，蒙着脸向观众深深地90度鞠躬。从10月7日的这一刻开始，她的未来已经有了新的方向。几乎每一个选秀冠军都是这样——先选择了这个舞台，最终再被这个舞台所选择。

艰难“韩漂”

没有谁是天生的黑马，尤其是在黑马成群的音乐圈。很多人为了这一刻的奔跑，已经准备了很久。

张碧晨的外形包装明显是韩国范儿，尽管她与韩国经纪公司的解约官司还没了结，但提起那段经历她已经公开用“最惨的”来形容。一位娱乐圈公关曾经对《环球人物》记者说：“北漂的人太多了，韩漂也是一种选择，但比北漂更难。”2013年6月，一直默默无闻的张碧晨参加了韩国KBS电视台举办的一次歌唱比赛，被一家经纪公司看中。在得到会给她出专辑的承诺后，几乎不会说韩语的张碧晨签了5年合约，开始了自己的“韩漂”生涯。和之前所有选择这条道路的中国艺人一样，张碧晨也面临着身份问题。她去韩国办理的是语言研修签证，不能打工，这样韩国公司可以规避向中国政府缴纳相关税费。

经过3个月的艰苦训练，张碧晨和其他6个女孩组成了一个名叫“sunny days”的组合，发行了单曲，开始正式演出。据张碧晨介绍，“出道后所有收入先要还给公司，之后才能有纯收入。”也正因此，很快有两个成员离开了组合。据曾经在韩国艺人公司工作的人介绍，很多公司在合同中都会要求“艺人收入需要首先偿还公司支付的各项成本”，偿还后，艺人还需和公司进行高比例分成，如果解约，一般要支付20至30亿韩元（约合1000多万元人民币）不等的赔偿金。

“公司承诺了很多，但去了之后发现完全不是这样。”首先是吃饭问题，合同里规定每天提供两顿饭，实际上并非如此，张碧晨甚至有一个月的时间"每天只吃一袋泡面";其次是住,公司不提供集体宿舍,张碧晨租不起首尔的房子,只能四处借宿。此外,她连基本的医保也没有。吃不好、睡不好,外加高强度的训练,让张碧晨不断生病。前来探望的父亲阻止她继续下去,"父亲抱着我,说不要我当明星,他只想要一个健康的女儿"。

在韩国待了不到一年,张碧晨回国了,漫长的解约官司留给了律师。"我在韩国已经没有办法正常生活下去了,是经纪公司违约在先。"

冠军之路

选秀节目里,很多选手离开舞台前会说:这是一个游戏,我是抱着玩的心态来的。显然,这要比跪地痛哭的姿态漂亮得多。不过,隔着一道荧幕,普通观众未必能看到微笑者心中的泪水和痛哭者心里的笑意。

2014年7月,张碧晨刚从韩国回来就参加了《中国好声音》的盲选。第一次露面,她选择的歌曲是《她说》,结果获得全部4位导师的转身,这意味着她掌握了场上最大的主动权,她选择了那英组。张碧晨在组里一路过关斩将,其中包括PK掉成名多年的歌手魏雪漫,以及场外人气旺盛的陈冰,最终以那英组第一名的身份晋级总决赛。

这个过程充满了不确定性,很多细小的因素足以淘汰选手,比如在台上的一个表情、动作,导师的临场喜好或主观看法。随着张碧晨的不断晋级,关于她在韩国的经历被反复挖掘,并不断地被质疑,直到决赛,抨击的声音也没有停止。人们或许没有意识到,这些声音本身就是导致最终结果的一个因素。

2014 年 10 月 7 日晚，终极对决的焦点人物是张碧晨和帕尔哈提，外界普遍认为后者的嗓音和演唱技巧更具独特性。决赛第一轮结束时，帕尔哈提直接晋级冠亚军争夺战，而张碧晨是在又经过一轮竞争后才获得了最后争斗冠军的名额。

不过以往经验一再证明，在选秀节目的终极 PK 中，夺冠呼声最高或最先进入冠军争夺战的往往不是最后的胜利者。张碧晨再次验证了这一点。

无论怎样，在几百名实力不俗的竞争对手中，只有她走到了最高处，而其他的一切都是雾里看花。

为谁而唱

对于节目制作方来说，《中国好声音》，远远不是"寻找中国最好的声音"这么简单。

就拿张碧晨和亚军帕尔哈提来说，不止一位音乐界业内人士对《环球人物》记者表示，他们对帕尔哈提"咽喉炎"一样的发声方式和唱腔"惊为天人"，导师汪峰甚至说，这就是他来"好声音"要寻找的东西。就在帕尔哈提夺冠呼声渐高的时候，也有"懂行"的观众早就心里明白，"好声音"需要的并不是他这样的冠军。一位网友这样说："帕尔哈提最强，但他适合造星计划吗？他是流行的主流吗？"从这一点来说，张碧晨之所以成为笑到最后的人，也许并不是因为她唱得最好，而是因为"她最适合当冠军"。连她的导师那英都坦言，张碧晨的声音是目前歌坛需要的一种流行唱法。她用的词是"需要"，而不是汪峰形容帕尔哈提时的"寻找"。

在一个商业化的市场中，"玩纯艺术"的风险和代价是节目制作方无法承受之重——即使这个节目的投资额已经以亿元来计算。蔡明在春晚上打趣"好声音"主持人华少：你的舌头是租来的急着还吗？答案或许是肯定的：寸秒寸金的节目里，报的每个广告商的名字背后都是大把的钞票。近3个小时的总决赛，众多演员和导演为宣传自己的新片轮番上场助阵。寻找"好声音"无法脱离商业现实性，这是无可指摘的事实。

大众与小众是另一种PK。在一个流行音乐选秀节目中，抽象的艺术性要在多大程度上让位于通俗性？当整个中国流行乐坛都在揣摩大多数人的口味，当《最炫民族风》《小苹果》占据市场主流，能实现各方利益最大化的或许才是"最好的声音"，因为这种声音足以决定一个选秀节目是否能延续下去。

话题度也是这个时代造星计划的一项重要指标。在眼花缭乱的娱乐圈，被遗忘是件太容易的事。张碧晨从盲选开始，就是为数不多保持高讨论度的选手之一，关于她的"韩漂"经历、整容传闻一直没停过。相比之下，性格沉稳平实的帕尔哈提除了拥有一位美丽的妻子，一双可爱的儿女，媒体似乎再也无法从这位32岁的"新疆大叔"身上挖到更多吸引眼球的东西。

中国的选秀节目始于《超级女声》，那被认为是一场属于"草根"的逆袭；而《中国好声音》刚出现时曾经被视为是"高端"的反逆袭，然而三季之后很多人发现，这不过是把外包装从塑料袋换成了檀香木盒。

（文／尹洁）

不散风流张国荣

　　张国荣（1956 年 9 月 12 日—2003 年 4 月 1 日），生于香港，中国香港男歌手、演员、音乐人，影视歌多栖发展的代表之一。1977 年正式出道。1983 年以《风继续吹》成名。1978 年开始参演电视剧。80 年代中期将事业重心移至影坛，成功塑造了宁采臣、旭仔、程蝶衣、欧阳锋、何宝荣等经典角色。1991 年凭借《阿飞正传》获得香港电影金像奖最佳男主角奖。1993 年主演的《霸王别姬》是中国电影史上首部获得戛纳国际电影节金棕榈大奖的电影，并打破中国内地文艺片在美国的票房纪录，他凭此片受到国际影坛的关注。2005 年入选中国电影百年百位优秀演员。2010 年入选美国 CNN"史上最伟大的 25 位亚洲演员"。

　　张国荣若还活着，2016 年 9 月 12 日，便是 60 岁了。

　　"9·12"和"4·1"对"荣迷"来说是两个特殊的数字，代表着张国荣的生与死。在北京影迷的集中地中国电影资料馆，每逢这两个日子，门口总有人摆上鲜花和蜡烛。资料馆策展人沙丹对《环球人物》记者说，每年这两个日子，总觉得带着某些仪式感，一定要做些什么。

电影资料馆曾几次推出张国荣的影片回顾，放映时，9排12座的位置总是空着，上面摆放着一枝百合花。"是'荣迷'把这个位子买下来，总觉得他从未离去，还和我们在一起。"北京荣迷会会长燕子说。

因为故去，张国荣的影像永远停留在盛年。最近，他28岁时出演的电影《缘份》在全国公映。在多个城市，"荣迷"组织了专场活动，当大银幕定格在那张不老的容颜，影厅里是"荣迷"致敬的眼神。10多年过去了，应景式的纪念慢慢退场，留下的是真切怀念。对于"荣迷"来说，天下无不散之宴席，却有不散之风流。有关他的先锋、怀旧、余韵，仍然荡气回肠地流转在俗世的空气里。

公子如画

临近2016年4月1日，一段2012年底的视频在微博上刷屏，主角是如今凭借韩剧《太阳的后裔》大火的宋仲基，以及大屏幕里的张国荣。他们隔空对唱《当年情》。这首歌是张国荣1986年主演电影《英雄本色》的主题曲。其时，张国荣未满30岁，宋仲基"对唱"时也只有27岁。时空交错，光影交叠着两张年轻偶像的脸，都是精致的、好看的男子。在张国荣故去10多年后，这种风格的脸庞与五官，横扫中日韩的流行世界。

在当年，张国荣这种外形是异数。倪匡写了篇文章，评价他是"眉目如画的美少年"。香港作家李碧华在报上看到了，又接着写道："旁观者看了又看，倒觉这是一个最贴切的形容词。第一，没什么人动用过这四个字；第二，也不见有谁担当得起过。这回真是赞得好。选用的（张国荣）插图马上便加以印证，果真眉目如画。"

1989年，张国荣去参加香港三大才子倪匡、黄霑、蔡澜共同主持的访谈节目《今夜不设防》。一上来，张国荣就对倪匡半开玩笑半抱怨："你写我眉目如画，（弄得）他（黄霑）每次见到我就要亲我。"倪匡辩驳："这个眉目如画是用来形容美男子的最好的词嘛。"见张国荣不信，又道："你去看《聊斋志异》，里面形容美男子用眉目如画用了好多次。"众人笑作一团。

当年张国荣美得一枝独秀，如今宋仲基们已经成为审美主流。"对男性的审美，英俊是一贯的，但英俊具体的标准，则一直反反复复。比如内地'文革'以前有一个潮流叫'奶油小生'，到'文革'结束后，'奶油小生'成了骂人的话，粗犷阳刚才是英俊，典型就是高仓健。在香港，张国荣当然是'靓仔'。我见到张国荣时，他戴着黑框眼镜，很帅，虽然'眉目如画'，却并不是小白脸的类型。"香港岭南大学中文系教授许子东对《环球人物》记者说。

伴随其"眉目如画"的，还有一种公子式的贵气。

《今夜不设防》里，三大才子众星拱月般围着张国荣。他们比他年长了整整一个辈分，他却怡然自得，称黄霑darling，叫倪匡sugar，唤蔡澜honey，时而靠在沙发里，跷着脚，时而趋身向前，活泼玩闹。他叼起一根烟，便有黄霑帮他点烟，倪匡递上烟灰缸。这一切做派，由张国荣做来，半点无礼的违和感也没有，似乎理所当然。

其实是与生俱来。张国荣 1956 年出生于香港一个优渥的大家庭，父亲是名震香江的洋服大王张活海，为好莱坞明星加里·格兰特、马龙·白兰度等做过衣服，家中往来的多是上层人士。张国荣由保姆照顾长大，是典型香港世家子弟的生活方式。13 岁时，他去英国念书，6 年后回港时又多了一份西洋的年轻绅士做派。

这份自带的公子气质，让他演得了贾宝玉，也演活了《胭脂扣》中的十二少——一个舍得为女人挥霍身家，却在生死抉择时退缩的老式公子哥。十二少这个角色曾考虑由郑少秋出演。推敲起来，"秋官"是台上的公子，张国荣有台下真实的"官仔骨骨"。"原著中，十二少的重要性远远不及如花，但我接手此戏，前往试造型——一袭长衫，如此风度翩翩——直教人觉得，这角色根本是为我度身定造的。（李）碧华为我的魅力所打动，于是特别为我增写戏份。"张国荣后来如此回忆。

他这种公子气质不符合香港当时盛行的无厘头喜剧风格。作家的灰是资深"荣迷"，她说："拍《倩女幽魂 2》时，编剧给他写了一个情节，一群男男女女中毒了，需要他挨个与这些人亲嘴，才能解毒。张国荣当时脸都气青了，编剧只好把这段改了。所以张国荣也演喜剧，但演出来的都是优雅的喜剧，在当时看起来是很'潮'、不流俗的。"

叛逆青春

张国荣初入娱乐圈时，"公子如画"的形象不仅不能帮他加分，反而让他遭受挫折。"香港从贫困的小渔港崛起，流行的是草根文化，很多明星都是草根出身，周润发就是一个典型。从小渔村一点点奋斗起来，才让香港观众有认同感。像张国荣这种世家子弟进娱乐圈的很少，市民也不太接受。"的灰说。优质的乖孩子形象不管用，那就只有叛逆的小少爷之路了，这恰好也顺着他的本色。于是从1977年出道开始，当主流歌手表演都穿西装、打领带时，张国荣就敢穿着背心和牛仔裤登台。

一次，他表演时戴着一顶海军帽。"出场时已经嘘声一片，唱歌时我把帽子飞出去，又是一片嘘声。然后我转过身，怎么有顶帽子这么眼熟？原来是自己的，又被扔了回来。这还没完，回到家里，查电话录音，就有人留言，'你收档啦''麻烦你再多读点书吧''你怕不怕不好意思'。当时很受伤啊，哭了很久。"张国荣回忆道。

最终让张国荣爆红的，是1984年推出的劲歌《Monica》。这首歌节拍强劲，演唱热辣，把失恋歌词唱得兴高采烈。"当时香港流行的是《小李飞刀》式的粤语电视剧主题歌，有戏曲味；还有反映社会底层的歌，比如许冠杰的《半斤八两》，讲述一班打工仔的故事；再就是慢歌、情歌。《Monica》这种叛逆不羁的舞曲以前只在舞厅里放，这首歌之后，劲歌热舞才成为潮流。"的灰说。

内地乐评人李皖当时在上海读大学，他告诉《环球人物》记者："学校汇集了南来北往的学生，会带来各地的特产。音乐也是一种特产，北京的带来了崔健，香港的带来了张国荣。这种快歌，很难说是张国荣首创，但他的个人魅力，使这种劲歌热舞一下变得特别耀眼。"

这首歌让张国荣首夺香港十大中文金曲、年度十大劲歌金曲奖。此时距他入行已有8年。"连张国荣都要挨十年"这句港式金句，由此而来。

那一时期，张国荣电影方面的角色也多是叛逆的，与众不同。当时比他年长的周润发擅长演社会底层人物，或是江湖小弟奋斗成大哥；比他年轻的刘德华擅长演一身正气、力争上游的好青年。"与张国荣同期出道的陈百强常常演清纯的学生。相比之下，张国荣演的不是边缘少年，便是游戏感情的骗子。"香港中文大学教授洛枫说。

典型的便是1982年的《烈火青春》。张国荣饰演富家子，却渴望游牧生活，要找一艘船，到阿拉伯海去。这在当时是相当反叛的形象，上映后即引发诸多争议，张国荣的表演被指责"意识不良，毒害青少年"。现在，这部电影却被视作香港"新浪潮电影"的代表作。"这仿佛是一种时代的错置。他当时的反叛形象走得太前。"洛枫说。

中国人民大学文学院讲师苏涛说："张国荣银幕叛逆形象的集大成者是1990年的《阿飞正传》，'阿飞'在广东话里就是指小混混。"电影中张国荣饰演的旭仔是一个孤傲叛逆的浪子，终其一生寻找生母。彼时，导演王家卫并未扬名；旭仔养母的扮演者潘迪华说："那种眼神，那种心态，在那个年代，除了张国荣，别无他选。"而张国荣也奉献了"这世界上有一种鸟是没有脚的"这句香港电影史上的经典台词。张国荣因此片赢得第十届香港电影金像奖最佳男主角奖。

"这个奖项也说明香港存在两种价值观。一是从俗，娱乐一切，让大家都开心；另外又有多元和开放的一面，允许一些'异端'，一些不同的东西存在。张国荣显然属于多元这个范畴。"许子东对《环球人物》记者说。

任性来去

走红没多久，张国荣就陷入"谭张之争"。李皖对《环球人物》记者说："张国荣的走红是一个非常醒目的事件，一下就冲击到了当时在乐坛很有声望的谭咏麟的地位。香港的歌迷迅速分为'挺张派'和'挺谭派'，从口水战发展到现实的冲突。"

1986年，香港十大劲歌金曲颁奖礼，张国荣凭借《有谁共鸣》得到金曲金奖，谭咏麟则缺席。张国荣登台献唱，从头至尾都伴随着谭咏麟歌迷的嘘声。场外，两人的粉丝更是大打出手。1988年，谭咏麟宣布以后不再参加任何有比赛性质的活动。

于是横扫各大颁奖礼的张国荣被推至尴尬境地，仿佛他的成绩是谭咏麟让贤得来的。也是在那时，狗仔队开始窥视他的私生活。张国荣萌生退意。他的经纪人陈淑芬说："他1987年就开始跟我说了，1989年又再提。"

都以为提提罢了，没想到他说走就走。1989年9月12日，在自己33岁生日晚会上，张国荣突然走到一块牌匾前，揭开盖布，现出"张国荣告别乐坛"几个字，全场哗然。在别人看来，他当时正处于最好的艺术年华，绝不应该退出，但他说走就走了。

张国荣连开33场告别演唱会。最后一场唱到"心里极渴望，希望留下伴着你"时，他泣不成声。的灰告诉《环球人物》记者："我被《风继续吹》这首歌打动是听现场收录的磁带，第一遍听以为磁带有毛病，因为这首歌中间断了，后来才知道是他哭了。他其实很硬气，告别演唱会33场，之前一直没掉泪，但最后一场情绪已难以控制。我觉得这首歌是对他爱的人和爱他的人，一次很好的心声表达。"张国荣在台上说："我在娱乐圈 13 年，所做的一切，都问心无愧。来得心安，去得也潇洒。今次可以讲是潇洒告别。"他将话筒留在台上，独自走下舞台。

告别前，他已签了一部戏，就是《阿飞正传》，拍完这部电影后，又有很多电影找他演。"我当时说告别，是不唱歌不拍电影，吴宇森就给我指了一条路，他说大家只以为你不再唱歌，你可以再出来拍电影。"张国荣说。在 1990 年的电影《倩女幽魂 2》中，他没有开口唱歌，片方找人为他饰演的宁采臣配唱。1993 年，他在电影《花田喜事》里唱了一小段粤剧。到了 1994 年的电影《金枝玉叶》，他唱了 3 首歌，但声明这几首歌不会单独出碟，于是出现了大批影迷带着录音机进影院的奇观。张国荣唱的电影主题曲《追》，当时红遍大街小巷。该片导演陈可辛说："我不喜欢流行歌，刚开始没听进去，也没感觉。拍戏接近尾声时，有次开车好好听了一遍，奇怪，越听越感动，听到哭了，那时候才觉得整部片归位。"

演唱电影主题曲的成功，让张国荣的复出显得顺理成章。的灰说："他的朋友都撺掇他复出。他后来开玩笑说，李宗盛是个坏人。因为李宗盛、周华健拉他去看演唱会，让他在台下看别人在台上唱，哪里受得了！"

于是 1995 年，张国荣宣布复出。谭咏麟粉丝大骂他"自打耳光"，他回应得很直接："我爱唱，大家爱听，有什么不好？又没有害人。"复出后的第一张专辑《宠爱》大卖，成为当时唱片业惨淡时期的救市之作。

"他的退出和复出，就算放在今天的明星身上，都会被媒体解读为任性，可能让人'粉转黑''路人转黑'。他当年这么任意来去，也是够大胆。"的灰说。

中性先河

张国荣的英文名是 Leslie。他说："我喜欢电影《乱世佳人》，也喜欢（男二号艾希礼扮演者）莱斯利·霍华德。这个名字在香港很少见，男人女人都可以用，非常中性，所以我喜欢它。"在表演上，张国荣也追求这种特质，"我觉得艺人做到最高境界是可以男女两个性别同在一个人身上的。艺术本身没有性别。"

《霸王别姬》显然是他展现这种特质的代表作。1992 年 3 月，电影开拍前的两个月，张国荣从香港启程，前往北京拜师学艺，这是他第一次北上。"我刚到北京的时候，因为要非常专注于京剧的训练，还有语言方面的训练，特别的苦。"那时张国荣的京剧基础是零，剧组为他请来京剧名家史燕生、张曼玲夫妇当老师。还请到一位个头跟他差不多高的京剧演员做替身，打算只拍张国荣的特写，其他京剧表演就交给替身完成。

"张国荣说不要，我自己练。"张曼玲回忆说，"他天天练，有时候吃着饭，他都跟我'咬耳朵'，张老，我今天这个动作您看怎么样？我说你这个动作有点欠火候，还得练。他说，张老你放心，我今天回去好好练，明天一定按你的要求做。第二天来了，马上先做这个动作，嚯，我说一夜之间就变样儿了，刮目相看啊。有一次我先生去得早，到那儿一看，看张国荣已经在压腿了。我先生就说，国荣你太累了，这么早就练，你脸都练得特别红。他说没事。后来才知道，他发烧了，39 度多，还在坚持练。"

张国荣最终自己完成了《霸王别姬》里程蝶衣的全部舞台表演，包括《贵妃醉酒》一折下腰、卧鱼等繁难动作。戏中的他，身段妩媚，眼波流转，顾盼生辉，真正达到了人戏合一的境界。1993年的戛纳电影节上，意大利评委卡迪娜尔在评选影后时竟然投了张国荣一票，她认为张国荣比女人更能演好女性角色。

7年后的"热情"世界巡回演唱会，是张国荣另一次雌雄同体形象的大胆尝试。第一场就震惊全港。开场时，他穿着纯白的西装，上面装饰着羽毛；接下来，他接连换上短裙、金属色西装、透视衫、红色大氅等。这些衣服都是法国著名设计师让·保罗·高缇耶设计的。开场的羽毛装象征着天使，接着幻化成人间的翩翩美少年，再成长为拉丁情人，最后变成魔鬼，完整演绎了"从天使到魔鬼"这一主题。

次日全港媒体哗然。陈淑芬说："报章把他的形象极度丑化——长发似女鬼贞子，穿裙子是不男不女，留着胡子有异装癖的嫌疑等。""香港的主流八卦媒体从来都是很保守、很传统的。焦点总是放在谁谁走光啦，谁和谁拍拖啦。"许子东说，"因为这些媒体服务的主要对象是市民，看别人怎么堕落以证明自己不堕落。"而张国荣的第一反应是委屈："我请了一个外国的名设计师来，你们这么写，弄得那位名设计师放话说以后不帮香港艺人设计啦！其实是香港的损失。"

多年以后，人们才认同"热情"演唱会的艺术价值。"张国荣的这个演出是向另一个多元的方向发展，本来这一块是没人去的，他去了，就开拓了艺术的空间，多出了很多天地。"许子东对《环球人物》记者说。

张国荣后来这样回应："我觉得有时，做到我们这个级别的艺人，只可以再做些trends-setting，就是创先河的东西。"他确实开风气之先河——直到 2005 年，李宇春在超女舞台上票选夺冠，内地才开始流行中性风；此后 2009 年，摄影师陈漫为范冰冰拍了一组浴室剃须照，一举塑造了"范爷"的形象；与此同时，另一位女星周迅的"周公子"之名大震；如今，像刘涛等原本走"贤妻"路线的女星，也开始转向西装、短发、男性化的"总攻"风格。一位资深媒体人对《环球人物》记者说："她们保持艳丽的同时增加男装元素，其实是给自己的美貌名声加分的，并且化解了同性的敌意。"

爱之先声

电影《金枝玉叶》多少有点拿张国荣的生活开玩笑的意味。影片中他对袁咏仪有一句台词：男也好女也好，我只知道我喜欢你。

张国荣刚出道时曾与女星毛舜筠有过一段恋情。当时两人同属一家公司，分别主持不同的节目。张国荣第一次见到毛舜筠，便觉眼前一亮。两人也没怎么互相追求，便很合拍地在一起了。张国荣说毛舜筠是他第一个送玫瑰花的人，而毛舜筠的爸爸也很喜欢张国荣。只是张国荣太快向毛舜筠求婚，吓跑了当时尚不满 20 岁的她。张国荣后来换了公司，毛舜筠远嫁国外。十几年后再相见，两人一起拍电影，一起打麻将，还是默契十足。

2001 年，张国荣参加毛舜筠主持的谈话节目。忆及当年，毛舜筠说自己不懂珍惜。张国荣笑言："你可能已经改变了我的一生。"彼时，张国荣与他的同性伴侣唐鹤德已相恋多年。毛舜筠问张国荣为何喜欢他。

张国荣说："因为他好。他待朋友义无反顾，对我，简直是没话可说。"

为了这段感情，张国荣曾迈出惊人一步。在 1997 年 1 月 4 日"跨越 97"演唱会上，张国荣把一曲《月亮代表我的心》，献给了生命中两个最重要的人——"妈咪，我今晚在这里送一首歌给你。同时，这首歌也要送给另一位我生命里面好重要的好朋友，就是你的干儿子。在我最失意的时候，经济最差的时候，他可以将他几个月的工资，借给我渡过难关。你应该知道我讲的是哪个，当然是我的好朋友唐先生。在这里我要将这一首歌送给我这两位挚爱的朋友和亲人。"

张国荣这段话被视为公布同性爱人的"宣言"，这在当时还很保守的舆论环境中，实在惊世骇俗。"作为一线明星，公开这段恋情要冒太大风险，有可能毁掉他的事业，谁也没想到他有这个胆量。直到现在他这个行为也是非常有担当的。"的灰对《环球人物》记者说。

2001 年 10 月的一个深夜，两人被拍到在街头牵手。快门按下的一刹那，唐鹤德回头看向镜头，眼神不安，张国荣则头也不回，坚定地牵着唐鹤德的手——这被称为"世纪牵手"。

也是在那一年，张国荣接受美国《时代》周刊采访，公开表示自己是双性恋。这种坦然公开感情生活的做法在那一代明星里也是异数，那时盛行的是隐恋隐婚，被拍到妻儿也矢口不认。明星们乐于公开自己的婚恋生活，是近几年才有的潮流。上述资深媒体人说："一是微博，让艺人发现只要分享自己的生活，哪怕没有特色也是加分项；二是真人秀，《爸爸去哪儿》让行业发现，如果艺人事业平平，展现好的家庭关系，也可以加分。"

"张国荣并不是刻意做先锋，他只是追求身心自由，不愿意压抑自己。"许子东对《环球人物》记者说，"我觉得他公开之后，香港并没有多少人因此而不喜欢他，相反这成为他的一个加分项。他去世后，人们也接受唐鹤德作为他的遗产继承人。"

　　"我就是我，是颜色不一样的烟火。"这首《我》无疑唱出了张国荣的心声。从形象到气质，从艺术追求到非常之爱，他在自己的年代是先锋的，是容易引发争议的，但他坚持表达自己。因为超前，他的表演在今天仍有蓬勃的生命力；因为真实，他的个性在今天仍有魅力。所以，并不令人意外的，在他离开那么多年后，还有越来越多的年轻人认识他、爱上他。岁月老去，他却获得了不老的资本。（文／朱东君）

孙燕姿，不踟蹰不谢幕

孙燕姿，华语流行女歌手，1978 年 7 月生于新加坡。2000
年发行首张专辑《孙燕姿同名专辑》出道，以专辑中的歌曲《天黑
黑》成名，同年获第十二届金曲奖最佳新人奖。此后陆续发行专辑
《我要的幸福》《风筝》《完美的一天》《逆光》《克卜勒》等。2017
年 11 月，专辑《孙燕姿 NO.13 作品：跳舞的梵谷》面世。

落地窗外的天空黑了下来，灯光星星点点。酒店的房间很暖，孙燕
姿正窝在床上小憩——整个下午她都在不停地说话，为新专辑《孙燕姿
NO.13 作品：跳舞的梵谷》做宣传。助理将她唤起，她背对玻璃窗，站
立，整理发型，瞬间切换到工作模式。对着手机镜头，她录了一段小视
频，语速很快，全程微笑，完全没了刚才的疲惫。

结束之后，孙燕姿在《环球人物》记者对面坐下。她化着淡妆，瘦
小的身躯裹在宽大的毛衣里，依然是邻家女孩的模样，带着些羞涩和紧

张。这与新专辑宣传照上的那个女子完全不同：她闭着双眼，穿着红色长裙在雨中跳舞，决绝又孤独。

"很执着、很疯狂地要把一件事情做好，就像梵谷（即台译梵·高）一样，我想这张专辑呈现这个感觉。"孙燕姿说，而这也正是这些年她对待音乐的态度。作为歌手，她已经唱了 17 年的歌。17 年间，她重复着离开、回来的动作，恋爱结婚生子，但始终未曾远离音乐。

在光明与黑暗间穿行

每天清晨，女孩（孙燕姿饰）跟着闹钟起床，洗漱、冲咖啡、吃早点，穿西装上班；天黑时，她坐公交车回家。这种毫无变化的生活让她越来越疑惑，她在幻想中撞见另一个自己：登上旅游杂志封面畅游世界，在下雨的大街上跳舞，在阳光沙滩上大笑……作为专辑主打歌，《跳舞的梵谷》MV 讲述着一个关于"理智与疯狂并行"的故事。

第一次听这首歌的小样，孙燕姿就被这个题材吸引。"我去看梵谷的画作和他的故事，觉得他很特别。他是一个有些偏执和疯狂的人，把自己的耳朵割掉，在麦田里开枪自杀。"孙燕姿说。她对照自己，发现有些地方和梵·高很相似，比如执着，比如理智与疯狂常常像两个小人一样，在内心深处打架。

当时的孙燕姿，恰恰也爱上了画画。她参与了新加坡政府提供的"技能创前程"培训补助（SkillsFutureCredit），这一培训计划是政府为每一位年满 25 周岁的公民提供 500 新加坡元（相当于 2500 元人民币），用于学习一项自己感兴趣的技能。孙燕姿选择去画画，每个礼拜三的早上到下午1点，如果没有工作，她都会待在南洋艺术学院画画班里。从水彩到素描，再到油画，一路画下去。

在画画的过程中，孙燕姿渐渐悟到"先有阴暗处，才会有明亮面"，"也就是说白与黑是并存的，人生也是如此，没有人永远停留在纯粹的快乐和幸福中，也没有人一直处在黑暗中。"孙燕姿对《环球人物》记者说。这种感触恰好与《跳舞的梵谷》契合。

录制《跳舞的梵谷》这首歌时，孙燕姿先喝了一小杯酒，让自己进入到微醺的状态。随后，她进入录音室，尽情开唱，唱着唱着还跳起了舞，"有一些癫狂，完全是在用直觉唱歌。"

孙燕姿用3年的时间，才唱完了整张专辑的10首歌，每首歌都是一个故事，而且都是在光明与黑暗间穿行。《我很愉快》讲述最无能为力的爱情；《天越亮，夜越黑》则是在说希望与失落、光明与黑暗的交织；《充氧期》是鼓励大家，生活有灰暗时刻，但咬紧牙关冲过去就是光明……

"从前我总是唱很励志的歌，歌迷们常常会说你是我的精神支柱，这个头衔让我觉得很开心，它确实给了我很大的意义。但是到了现在，我不只是想要和大家一起开心，而是更想去开拓另一个世界，让大家听见音乐不是只有疗伤而已。"孙燕姿说，在那个世界里，人不只有美好的状态，也会有挣扎、有晦涩、有痛苦，与其去抗拒它，不如去接受它。

年近四十的孙燕姿，对自己要走的路似乎是越来越笃定，就像她的音乐老师李伟菘说的那样：知道自己想要的是什么了。

情歌哀而不伤，给人力量

孙燕姿一开始并不知道自己想要的是什么，只是一路唱，一路寻找。

她第一次走进大众视野是 2000 年。那年 6 月，一张名叫《孙燕姿同名专辑》的唱片在台湾地区发行。封面上的女孩，一头利落的短发，瘦、平胸、背心加长裤，完全一副中性打扮，眼神还有一丝茫然。就像专辑的封面上写的那样：没有一个 22 岁的女生像她这样唱歌。

这个女生刚刚从新加坡李伟菘音乐学院毕业，懵懵懂懂，只是喜欢唱歌。然而凭借清纯、简单的造型和气质，还有独特的声线和娓娓道来的歌曲，专辑刚一问世便引起轰动。

专辑中那首《天黑黑》成了当年热曲，大街小巷都在传唱。整首歌讲述一个少女成长的故事，有对青涩岁月的回顾，对现实的感悟，还热情地鼓励人们即使"下起雨也要勇敢前进"。这种单纯的美好、蓬勃的生气，正是那个年代的情感底色，她唱出了这一代人的心声，很多人就是从此喜欢上了孙燕姿。至今，她的歌迷仍会记得那个 MV 中的经典画面——孙燕姿穿着一袭白衣，迎着风边弹钢琴边唱：天黑黑 / 欲落雨 / 天黑黑 / 黑黑……

首张专辑大卖后，公司很快为孙燕姿打造第二张专辑《我要的幸福》。此后《风筝》《Start 自选集》《Leave》《未完成》《TheMoment》接连推出——短短 3 年间，孙燕姿发行 7 张专辑。"当时真是疯狂，每天都在做东西，停不下来。"

那是华语音乐的黄金时代，也被孙燕姿认为是自己的黄金时代。她的那些传唱度很高的作品大都是在这一时期问世，像是《风筝》《开始懂了》《遇见》等，这些歌曲朗朗上口，旋律也都似曾相识，跟着哼哼就会唱，也就是所谓的"芭乐情歌"。"但和大多数女歌手的情歌不同，孙燕姿的情歌哀而不伤，总给人一种力量。"有粉丝总结说。

"男有周杰伦，女有孙燕姿"说法开始流行起来。2002年10月，《亚洲周刊》用长篇报道来描绘这场席卷亚洲的"孙燕姿现象"。新加坡总理李显龙曾讲过自己的经历，"去台北和上海时，看到到处都是孙燕姿代言的巨型广告牌，听到到处都在放她的歌，觉得非常骄傲。"

如此频繁发歌，另一个后果是歌迷对孙燕姿的歌有所疲软。孙燕姿自己也注意到这些，正如她在《我要的幸福》中所唱的那样：怎样的速度 / 符合这世界 / 变化的脚步。她开始尝试寻求突破。

2005年，《完美的一天》算是一首比较另类的经典。孙燕姿以一种舒服、慵懒的姿势，唱着"我要一所大房子 / 有很大的落地窗户 / 阳光洒在地板上 / 也温暖了我的被子"。这一年，孙燕姿还把头发染成了红色，但依然难抵专辑销量下滑的颓势。

"我逆着光却看见 / 那是泪光 / 那力量我不想再去抵挡……"两年后，孙燕姿唱着《逆光》重回舞台。但同时，她也在思索到底要不要为了销量而唱。2011年，她推出《是时候》，这一次她以长发的形象亮相——此前10年她一直是短发，"这个造型希望让大家知道，孙燕姿还有很多空间、很多的可能性。"

接着结婚、生子……孙燕姿开始寻找当歌手更深层次的意义：音乐还可以怎样？

2014 年的《克卜勒》被认为是孙燕姿最具突破性的一次尝试，过往那些讨好市场的元素都消失无踪。结果可想而知：口碑两极分化。但孙燕姿说做这张专辑时自己是快乐的。她至今还记得在录《无限大》那首歌时，配唱的李伟菘老师即兴跳起了舞，各种舞步，让人忍不住发笑，"和喜欢的人一起做自己喜欢的事，非常难得。"

自称是个"方木钉"

孙燕姿告诉记者，《跳舞的梵谷》这首歌一开始不被人看好。歌词里大量运用与梵·高画作有关的意象：向日葵、麦田、乌鸦、咖啡座等，再加上电子化的人声伴唱、华丽的提琴演奏，还有歌剧女声，这些元素的结合，使得这首歌"文艺得张狂"，甚至难以理解。"有争议才是最好的作品，哪怕外界不理解，也要有自我的坚持。"孙燕姿说。

孙燕姿的这种对音乐和自我的坚持源自家庭教育。她的父亲是新加坡南洋理工大学电机系教授，母亲是一名教师。她是家中次女，从小就热爱音乐，5 岁时学钢琴，10 岁时登台唱歌。"我们家教很严，父母要求我们一定要努力，至于努力过后，结果如何，并不是重点。爸爸常会问我们很多问题，他不告诉你答案，但会教你方法，让我们决定接下来要怎么做。"

有一天，父亲很认真地和她说："人一辈子总要会一样东西，以后才会有消遣的嗜好。"听了这话，孙燕姿开始参加各种团体活动：合唱团、篮球队、网球班、芭蕾舞团……只要有一点兴趣，就去尝试。

"他是开明的，让我通过各种尝试来确定到底喜欢什么。"在父亲的影响下，孙燕姿变得独立而有主见。作为歌手，她少有绯闻，既不去电影客串，也不涉足综艺圈。出道 17 年，她做得最任性的事就是 3 次退隐，几乎每次都在事业正红之时。

其中一次是 2003 年。连续 3 年发行了 7 张专辑后，孙燕姿选择退隐一年，理由是"为了不被工作打败"。那一时期，她每天都像一个停不下来的陀螺，"最累的时候是凌晨两点卸完妆，4 点为了新的演出又得起来化妆，回到酒店累到倒头就睡。"

紧绷的日子让她一度惧怕上节目，讨厌和人说话。有一次她把自己锁在房间里，工作人员在门外叫她，她称自己在洗澡，事实上她一直在房间里走来走去，持续了 20 多分钟才出门。

"人们都只看到闪光灯下的我光芒四射，只有我知道自己的状态有多差。当时的我几乎是空的，我不清楚自己的角色是什么，觉得没什么和大家分享了，也完全享受不了当歌手的乐趣。"后来在一次访谈节目中，回忆起那段"黑暗"的日子，孙燕姿说道。

第二次退隐发生在 2007 年专辑《逆光》之后。为了炒作新专辑，她所在的 EMI 百代唱片高层陈泽杉专门召开记者会，曝光她在埃及拍摄音乐录影带时，遭到当地黑道的攻击和勒索。后来，孙燕姿澄清"事实没有那么夸张"，她被这种过度消费惹恼，不再和公司续约。当时，她只有一个念头：跳出来，离开娱乐圈。

"这通常意味着，我该削掉一点点我的棱角。但朋友们，这正是我介意的部分。不，是憎恶的部分。"退隐后，她在博客中解释道。她称自己是"方木钉"——周围几乎到处可见圆形的孔，可方形的木钉无法钉入圆形的洞里。

再后来，她恋爱结婚生子，走出了普通人的人生轨迹。曾有人问她，你凭什么认为自己能做到，想退就退想进就进，最后还有那么多人喜欢你？当时她愣住了，不知道，不好答。

现在，她找到了答案："这个世界本来就很大，不可能所有人都跟着一个潮流，听一首歌。"孙燕姿以自己的姿态行走在属于自己的音乐道路上，正如她在《跳舞的梵谷》中所唱的那样：不回顾／不顽固／不踟蹰／不谢幕／不庆祝／不欢呼。（文／陈娟）

潘玮柏：我思考，我嘻哈

潘玮柏，2001 年以主持人身份出道，2002 年推出处女作专辑《壁虎漫步》走红，之后推出《我的麦克风》《Wu Ha》《24 个比利》等专辑。2010 年主演电视剧《爱无限》并获得第四十六届金钟奖戏剧节目最佳男主角。2017 年 6 月，担任《中国有嘻哈》导师引发热议，8 月推出新专辑《illi 异类》。

《环球人物》记者采访潘玮柏时，他正生着重病，嗓子完全讲不出话，工作人员都做好了取消当天节目录制的准备。见惯了潘玮柏一向的活泼劲儿，突然看他病恹恹地坐着，时不时拿纸巾擤鼻涕，化妆室里的人都有些心疼。

采访开始。前 5 分钟，潘玮柏的状态属于强撑型，身体不适、咳嗽不止，常常说到一半就失声了；慢慢地，嗓子依然沙哑，但气场渐强，说起中外嘻哈的差异，整个人显得专业而激情；最后提到新专辑，他的语速就像按了快进键，讲出来的话都是一段段 rap（饶舌），有节奏、有押韵。

"我做这张专辑的目的，是想说成功来自努力，不是来自运气，运气只是其中之一，但很多人常常忘记……希望能启发大家思考，不要网络一句话，大家就跟着骂，自己没有消化，没时间想象别人到底在干吗……"看，连重感冒都压不住他的嘻哈魂。

"只有这样我才会被听到！"

爱奇艺音乐节目《中国有嘻哈》的爆红，让许多人把 2017 年称为中国的"嘻哈元年"。通过这个节目，观众学到了"freestyle""flow""beat"（即兴表演、韵律、节奏）等专业术语，也爱上了 diss（嘻哈中歌手间互相批判的形式）这种拽拽的表演风格。聊到这个节目，潘玮柏说："我一直知道有很多'地下'的 rapper（饶舌歌手）是非常杰出的，可一直没有一个正式的平台，能让他们的声音被听到，才华被看到。而且在整个华人文化圈，很多人对嘻哈也只是稍有了解，根本不会唱，甚至连听的都少。而在美国放一首歌整个房间的人都可以跟着念。这个节目就是要鼓励大家去唱、去写、去表达态度和思想，这是很好的开始。"

从八九岁听到 MC Hammer（美国嘻哈歌手，被称为"饶舌鼻祖"）后开始学饶舌，到 2002 年凭借嘻哈专辑在台湾走红，再到今天成为新生代 rapper 的推手，潘玮柏称自己见证了嘻哈在华语乐坛的起起伏伏。1999 年暑假，他从美国回中国台湾，到电台的业务部打工，顺便参加了电台举办的唱歌比赛，靠着唱当时最火的情歌《公转自转》一路打到总决赛。

"那是华语乐坛抒情歌当道的时代，总决赛上人人都是唱慢歌，我就说我要不一样的，我要唱饶舌。结果一唱，下面的评委就呆了：这个人来比赛怎么唱这种歌？"结果就是，潘玮柏拿到这场比赛的安慰奖——"优秀奖"，拿着一点奖金回到了美国，"那个时候，嘻哈就是非主流"。

2001年，潘玮柏为了追寻演艺梦想来到香港，担任星空音乐台的主持人。他称这是为了"曲线救国"，时不时在节目里来一段饶舌，就是想让别人看见他的说唱，结果许多观众打电话、写信到电视台投诉：潘玮柏你能不能不要再唱了？"我当时心想，也只有这样我才会被听到！"

最后，他果真被听到了。2002年，他得到机会推出了第一张专辑《壁虎漫步》。第一次办歌友会，在台北一个百货大楼前面，他唱跳着专辑中嘻哈风格的歌曲，台下一共11个人，"第十一个人还在很远很远的地方，一看就是拎着包包刚好路过，顺便停下来看看热闹的"。"于是我就唱得更加卖力、更大声，觉得我多卖一份力，那11个人就会多一份可能去跟别人推荐我和我的音乐。"之后的半年里，潘玮柏一直用这样的方式唱着自己的歌，《壁虎漫步》虽然没有瞬间爆火，却在慢慢地积累中越卖越好，到了2003年6月，这张专辑竟然成为当年上半年男歌手的销量之最。也就是在那时，嘻哈风格逐渐在台湾乃至整个华语乐坛为人所知，潘玮柏、周杰伦、MC Hotdog（热狗）等歌手成为领军人物。

当时不少人认为，嘻哈之火就要燎原了。但在潘玮柏看来，那只是一个开始，那时的嘻哈歌曲还是搭配了很多流行歌元素，或者是翻唱元素，真正纯粹的嘻哈还要经历相当长的沉淀时期。"其实美国也是，大家一直认为嘻哈在美国是主旋律，但它直到 2017 年才第一次击败摇滚乐成为市场占有率第一。华语嘻哈，还有很长的路要走。"

"美国嘻哈和华语嘻哈，有什么明显的不同吗？"记者问道。

潘玮柏说："我觉得美式饶舌绝大部分稍显表面，香车美酒、金钱美女什么的。比如 Jay-Z（美国嘻哈巨头），他刚起步时就主要是说物质，到了后来才慢慢讲到精神、人生历练等；而华人就比较多一点心理层面阐述，我们在《中国有嘻哈》里能看到，现在年轻的华人 rapper，有很多对世界、对人生的思考，这是很深刻的。"

嘻哈就是不服输、不认输

"什么是嘻哈精神？"

"嘻哈精神就是不服输、不认输，你给我任何障碍我都会努力超越它、跨过它。"潘玮柏说。

他举了很多例子。比如，出第一张专辑的时候别人说他不会唱歌、不会红，他硬是越唱越大声，越大声越红；出第二张专辑的时候，别人说他只是个主持人来玩玩票，于是他逐渐拒绝公司安排的翻唱，开始学习创作。"那个时候华语乐坛的风气就是翻唱，从欧美日韩那儿买下热门曲子，然后重新填词，马上就能火。但我不愿意。虽然一开始会有一些曲折，但后来渐渐发现这才是对的。"

他遇到过很多低潮。有身体上的：2004 年，他在表演时韧带受伤，被医生诊断为"再也不要跳舞了",只能每天坚持复健,一次次跌倒、爬起,打开电视看到其他艺人在表演就泪流满面;2014 年,他在准备演唱会一个倒吊动作时摔下舞台,头顶划破 17 厘米……

也有心理上的。出片前,潘玮柏曾在一些电视剧中客串,在音乐圈走红后一度不再接戏。2008 年,他在偶像剧《不良笑花》中首次担纲主演,获台湾地区收视率冠军;两年后,他又凭借偶像剧《爱无限》拿下"台湾电视金钟奖"最佳男主角。然而,"偶像剧出身"让他的得奖受到质疑,"很多人就说我凭什么拿奖,我不配"。他从机场出来,新闻转播车都来"接"他,直接询问他关于自己拿奖怎么看,场面尴尬。他把自己关在家里,一直想不明白:我没偷没抢,为什么会变成这样?

"但这些东西到最后都会让我变得更强大,我膝盖断了 3 次不还是照样跳舞?而因为不被认同的痛苦过后,我也渐渐明白,我不需要谁的认同感,只要继续做,有一天你会了解我。"他将这些人生经历化成了感悟,写进自己的歌里,最后变成了他口中的"三部曲"。

第一部是他 2012 年发行的专辑《24 个比利》。"这是写多重人格的,就是探讨不一样的人会有不一样的个性。我把那段时间的各种情绪融入歌中,愤怒、失落、骄傲,都是我当时的多重人格。也是因为这张专辑,很多人才意识到原来我会创作,其实我已经创作很久了。"就像他在歌词里写的:你看的是我但你看到并不是我,你面对就是我但我早就已经不是我。

第二部是 2014 年的专辑《王者丑生》。"我经历过偶像派时期,也经历过低潮的时刻,常常会有自己是王者还是小丑的疑问。"这张专辑里,他尝试了许多实验性的风格,一首曲风新颖的嘻哈歌曲《小丑》更是道出了他那些年的喜怒哀乐：

说我丑陋／没有用／扶不起的阿斗

我是小丑／你不懂我／说要精彩／要刺激／世界不能没我

掌声响起尖叫／人人带著微笑／眼泪把它抹掉／我是小丑／很骄傲

于潘玮柏而言，这两张专辑就像是对十多年演艺生涯的总结、吐槽、感叹，把想说的话全部用嘻哈倾诉出来，也用此回应所有质疑。之后，他整整 3 年没发专辑。

"我用这 3 年去体验新的生活，参加真人秀；开餐厅、做电子商务，尝试最新鲜的东西。我不想一辈子只是用演艺圈来定位自己，我希望能活出各种各样的人生。"如今，他的潮流品牌在全国各地开设了专卖店，线上线下热卖；投资的 App 公司在世界范围内成绩不俗；由他亲自参与设计的手机游戏备受好评……这三年，他的副业全面开花。

他说："我特别讨厌海边，因为我不喜欢安逸，我要很快的节奏，要一直去尝试新的东西。我的人生哲学就是，可以输，但一定要找机会扳回一城。"这就是他的嘻哈精神。

观众对这首歌的反应，恰恰印证了我的歌词

潘玮柏的第三部曲，是他的新专辑——《illi 异类》。"illi 是个英文词，就是讲这个东西非常好，好到变态。"他在专辑里创作了一首歌叫作《第

三类接触》，讲的就是自己看到的一种社会状态。"以前面对特别优秀的人，我们会去学习他、尊重他。现在不是，人人都去当'键盘侠'，先去找对方的缺点、弱点，然后攻击他、批判他。这种逻辑和评判标准很诡异，就像电影里地球人面对外星人，人家都还没做任何事，地球人先开枪了。我就想反映这种现象。"

他还发现了另一个有趣的现象。2017 年 7 月底，他在《中国有嘻哈》的竞演中表演了新歌《Coming Home》获得第一。原本他希望大家能看到他在歌词里寻找初心的理念——"双手合十，感激回归原样"，可第二天上网一看，被热议的竟然是他戴在手腕上的名表理查德·米勒。

"你看，我唱了那么多，大家只注意到我唱了一只表，如今这个世界有多肤浅？！我歌词里就在讲人的迷失，社会的失序，人们为了营销、点阅率、财富而疯狂，甚至互相伤害，变得特别物质化，所以我说很多人对这首歌的反应，恰恰印证了我的歌词。"

在整个采访中，潘玮柏多次说到自己对社会、对世界的看法和思考，全然不是他的外表显露出的那种带点孩子气的阳光模样，而是个有棱角、有态度的 rapper 形象。

他对记者说："以我的本性，我不会那么眷恋演艺圈，该走的时候就会走。但我希望很久以后，大家还能记住我的嘻哈，能记住我是个一直努力带来思考的人。这就够了。"（文／余驰疆）

吴京，只想酣畅淋漓打一场

吴京：1974 年出生于北京，毕业于北京体育大学。1995 年参演电影《功夫小子闯情关》出道，代笔作有影视剧《太极宗师》《杀破狼》等。2008 年，自导自演电影《狼牙》，2015 年凭电影《战狼》获华鼎奖最佳编剧、最佳新锐导演。2017 年，由其自编自导自演的电影《战狼 2》上映，反响热烈。

《战狼 2》发布会结束后，吴京大步流星回到休息室，一坐下就向《环球人物》记者诉苦："说了一天话，累啊。"他捯饬着一身修身西装，怎么弄都觉得不舒服，想抬个腿，猛地意识到自己还穿着紧身裤。"真受束缚啊！"他说。

倘若是平时，他绝不会让自己这样不爽快，之所以愿意委曲求全，还是因为要"卖片"。采访中他多次提到这部电影是他"用命换来的"，为了片好卖牺牲多一点也认了。两年前《战狼 1》上映，院线经理和他说业内都不看好这电影，毕竟军事题材受众窄。他听完后赌着一口气给制片人发去了微信："我打算拼了！"

于是，原本 6 个宣传城市变成了 22 个，一个月里他每天不是拎包赶飞机，就是拿着话筒说电影。最后，《战狼 1》收获 5.25 亿元票房，刷新了当时军事题材电影的纪录。

他做许多事都有点像"赌气"，拍电影和资本赌，和团队赌，也和自己赌。

底线是合法合理

《战狼》系列电影讲述的是特种兵冷锋的故事。第一部中，在中外边境演习的冷锋和战友遇上了嚣张的贩毒团伙，双方展开了激烈的"边境保卫战"。到了第二部，冷锋离开军队，在非洲游历时遇上内乱，为拯救深陷屠杀的同胞和难民勇闯战区。吴京说，拍第一部时他脑中想到的是"犯我中华者，虽远必诛"，拍第二部时，他想到的是"杀我国人者，皆我天敌"。

翻开《战狼 2》的演职人员表，吴京一人就有 4 个头衔：导演、编剧、男主角、动作指导。在片场，他的状态只能用 4 个字形容——分身乏术。电影团队来自世界各地，既有弗兰克·格里罗这样的好莱坞大牌演员，也有非洲当地的群众演员，他有天心血来潮数了一下，一个场景里有 13 个国家的演员。

"国籍一多，就造成拍摄的不顺利。因为每个国家都有自己的文化、禁忌和规则，美国人一天就干 10 个小时，周六、周日都要休息；还有一些演员早晨要祷告，一祷告就是一小时，我们整组人就得等上一小时。"吴京说，"像我们的另一个动作指导来自好莱坞，他们也有规矩，就是不能打脸。有时我吊威亚、演爆破戏，他都用很奇怪的眼神看着我，他会和我说必须要用替身，因为在好莱坞你愿意亲自上，保险公司也不会让你上。"

每次遇到这种情况，吴京都会跟对方说："对不起，这是吴京 style（风格）。我是导演，就得按我的来！"

他有时也会得焦虑症。"非洲的片场很大，又有爆破声，一天下来嗓子都喊了。"炎热、琐事、压力，让他经常控制不住脾气。"在片场，只要触及了我的底线，我就会发火。"他所谓的底线，就是合法、合理。

"法就是规则，是行为标准。"他记得有场戏，是一个黑人小女孩要跪在一堆碎玻璃上，他看到小女孩没有戴护膝，破口大骂负责人员："如果今天是你闺女跪在那儿，你给不给人家戴？"他说："这种人不是粗心大意，是可耻！"

"理就是讲道理。在片场就必须听我的，如果我不对，说服我，我一定听你的。跳楼、开枪、爆破，这些东西如果不听我的，发生死伤怎么办？我的经验都是拿我的命换来的！而且还那么多外国人，外交无小事啊。"

在《战狼2》中，吴京做了一次突破性的尝试——一个从水上到水下的6分钟长镜头。为了完成这个画面，他在3天之内练会在水下无辅助工具地待到3分半钟，有两次还遇到了生命危险。"一次是刚要往海里跳时，发现有一只褐色的有毒大水母；另一次是身上的铅块负重过多，氧气不足导致下沉。"

提到这个镜头，他说："这是别人都没拍过的镜头，在水下一镜到底的打斗。如果以后有人一说这个东西，马上就提到《战狼2》，我就心满意足了。这说明我是鼻祖。"

"要让观众知道男演员不是在家织毛衣的"

拍摄期间，吴京旧伤复发，每天开工前都要吃止疼片。在片场他事无巨细地干着，医生劝他休息，他也不以为意。

"为什么要这样逼自己？"记者问道。

他用3个字回答：没有钱。"这一部比上一部有钱多了，但我全花在制作上了。12辆军用坦克，2架军用直升机，5万发子弹，超过100辆车。汽车在爆炸中报废了一辆又一辆。还有现场1500名工作人员，光是盒饭钱就是不小的开支。"

大部分钱是他自己投资的，因为他想完全掌控自己的作品。"其实电影行业本身没什么钱，但是想进入电影行业的钱特别多。当这些钱进入了，就会有人想拿钱控制电影。我是个导演，我要表达自己的价值观。所以我拿自己的钱拍，不论输赢，都是我自己的作品。"

"所以我最近一直在读书，什么书都读，什么《作家之旅》啊，《导演的必修课啊》啊，我还去读长江商学院读EMBA（高级管理人员工商管理硕士）。"别人问他为什么去学工商管理，他回答："我就是不想被那帮不良金融'强奸'。我要了解这个东西，防范他们。我还要好好地利用他们，这是我要学的东西。"

吴京觉得，如今他读书很像当年学武术，都是为了能有资本、有能力坚持自我。他开玩笑说："我学武术是为了能让傻帽好好跟我说话，心平气和地跟我说话；我读书是为了能够和傻帽心平气和地说话。"

吴京是土生土长的老北京，满族人，祖父是吴式太极拳传人，"满族人有个传统，长子长孙必须学武"。他6岁就开始学习武术，17岁拿到全国冠军，21岁时在师傅的推荐下出演电影《功夫小子闯情关》，算是正式出道。"那时候我发现自己其实很简单，只要一个镜头打爽了，所有的烦恼都忘了。我就是一个小孩，没心没肺的。"20世纪90年代末，他出演了《太极宗师》《小李飞刀》《江山儿女几多情》等热门电视剧，名气是有了，新烦恼也来了。

"那时候内地人没有人愿意拍功夫片，就算拍也是特别粗糙的。剧组跟我说拍一场戏要15天，最后只拍3小时。我当时就说不干了，要赔钱，我可以。我吴京是拿命拼的呀，你拍得再好，15天拍出来的东西跟3个小时拍出来的能比吗？混不下去了。"

2003年，他无奈前往香港发展，坐了一年冷板凳。"常常独自坐在房间里听相声，夜深人静，一片耸立的高楼里一盏孤灯，传来了'哈哈哈'的狂笑声。"一年后，他终于等来了一个角色——2005年，他在电影《杀破狼》里客串一个心狠手辣的杀手。他回忆当时与甄子丹对戏，在一个深深的巷子里，导演叶伟信说："子丹你练了30多年，吴京你练了20多年，你们别套招了，直接打吧。"

两个人一个对视，电光火石地打起来。甄子丹的棍子打在吴京手腕上，啪一声断了。一会儿，甄子丹换上新棍子，继续开打，又打在手腕上，断了。"我的手腕快撑不住了，就申请能不能绑个胶布再打，导演说不行，得连戏。"最后，吴京手腕上断了 4 根棍子镜头才通过。

"后来一些朋友评价说：吴京，你那这场戏太棒了！所有的仇恨都写在脸上了。我说哥们儿，那是真疼啊！"虽然痛，但这是吴京久违的一次酣畅淋漓。

《杀破狼》在整个华人地区取得了口碑和市场的双丰收，被许多人看作是香港电影复苏的鼓舞之作。凭借这部电影，吴京也顺利在香港站稳脚跟，"这个特别客串得到了很多导演的赏识，我开始做上男主演了"。2007，他在《男儿本色》中饰演为了生存而不择手段的劫犯"天养生"，获得第 44 届台湾电影金马奖最佳男配角提名。2008 年，他又主演电影《狼牙》，还尝试了一回联合指导。2015 年，《杀破狼 2》上映，吴京从原来的特别客串，变成了独挑大梁的男一号。

渐渐的，香港的动作电影也越来越少，吴京开始思考还能不能再出现一个动作时代？"我想，如果没有了这样的时代，我就去创作一个。行，回内地当导演！"这两年流行中性美、花美男，吴京觉得有一部真正的"爷们儿电影"，"要让观众知道男演员不是在家织毛衣的"。

抱着这样的想法，2013 年，吴京自编自导自演，打造出了《战狼》。

年过四十才是黄金时代

如果不说，很少有人能想到吴京已经 43 岁了。"过了 40 岁，我觉得自己已迎来了黄金时代。我的人生经验多了，戏剧经验多了，生活经历多了，知识也多了，主观与客观分得更清楚了，正是展示的时候。我希望，能开启一个'吴京时代'，两年就够了，拍几部纯粹的、能被记住的动作片就行。"

"可是许多人都说现在中国的动作片已经日渐式微了。"记者说。

"这都是中国人自己'作'的！"他回答，"得道莫还乡，还乡道不香。马祖道一在1000多年前就说过了。动作片这东西，都是外来的和尚为念经，你让史泰龙翻个360度，众人热烈鼓掌；你让吴京翻个720度，切！这就是现在的电影市场。"

但他觉得市场的劣势是可以克服的。他想起自己5年前筹备拍《战狼》，没人对这个题材感兴趣，也没有人愿意给他投钱，他只能将自己的房子抵押贷款筹备资金。"那个时候我老婆（主持人谢楠）还和我说，老公，这是你的梦想，如果你全赔了，我养你。"

他一个人担任出品、监制、制片、导演、编剧、主演，甚至还自己唱了片尾曲。他说："如今想想，市场、票房我们根本控制不了，但做电影的人重在能否坚持理想。"

采访最后，记者问吴京："你的下一个目标是什么？"

他回答："《战狼3》。"

"你的终极目标是什么？"

"我希望到了80岁的时候，我还能在电影里推推手，打两下。"

他的梦想是，活到老，学到老，打到老。（文／余驰疆）

陈思诚：不必为了娱人而愚己

　　陈思诚，1978 年生于辽宁沈阳。2006 年出演电视剧《士兵突击》。2012 年自编自导自演电视剧《北京爱情故事》。2016 年 1 月，其自编自导的《唐人街探案》上映。

　　陈思诚很直接。在《环球人物》记者的采访开始前，他面对正在架设的摄像机，突然说："我不想拍视频了，因为有点累了。"在场的人都愣了两秒，记者简单沟通了几句后，他又爽快地答应下来。

　　陈思诚的工作室里随处可见他和妻子佟丽娅上过封面的时尚杂志，不过角落里，一把贴有他名字的导演椅，似乎提醒着到访者，这里的主人不仅仅是一个明星。采访当天，由他自编自导的电影《唐人街探案》刚好上映一周，票房已突破 5 亿。陈思诚却不甚满意："口碑不错，但票房没有达到我的预期。"作为一个仅执导过两部电影的导演，他毫无掩饰对票房的渴望，直白地形容自己"想做婊子，也想立牌坊"——既想在商业上取得成功，又希望在个人表达上有所追求。

当记者问他，如何看待当下许多演员转行做电影导演的现象时，陈思诚丝毫没有客套："这是个泥沙俱下的时代，时间可以验证，谁会留下，谁只是玩票而已。"

不追求安全

拍一部侦探电影，是陈思诚很久以前就有的念头。在中国，推理悬疑电影一直是个让创作者望而却步的领域，很多导演有过尝试但大多铩羽而归。陈思诚选择用自己的第二部作品《唐人街探案》完成这个挑战，多少让人为他捏把汗。他却不以为然："我追求的从来不是安全，创作者要有责任感，让市场上多些新类型的电影。"

《唐人街探案》的确让人耳目一新。影片采用了"侦探＋喜剧"的模式，讲述居住在曼谷唐人街的落魄大叔唐仁，意外卷入一起凶杀案，无奈和来泰国散心的天才少年秦风结成搭档，共同找出真相、洗脱罪名的故事。案情扣人心弦，逻辑推理严谨，观众上一秒还在为喜剧桥段捧腹，下一秒就被惊悚情节吓得叫出声，影片结尾的反转更是出人意料，对于人性善恶两面的思考颇有深度。

陈思诚坦言，用喜剧包装这部电影是出于商业的考量。即便如此，他依旧在寻找创新和突破。为保证票房，投资方曾提出找黄渤与王宝强搭档，被陈思诚拒绝了。"这样的组合不够新鲜，更何况我的剧本中秦风是个少年。"陈思诚大胆起用了只有 18 岁的新人刘昊然。当他和王宝强两个人装酷耍帅地戴上墨镜，穿上风衣，并肩大踏步走在曼谷街头时，果然让观众眼前一亮，画面感、喜剧效果十足。

电影中，最令人惊喜的莫过于王宝强的改变。陈思诚给王宝强安排了一个油腔滑调、精明狡猾的大叔角色，与他之前呆萌憨傻的银幕形象反差颇大。这也正是王宝强所期待的，看完剧本后，他说："还是思诚了解我。"于是推了《港囧》，接下了《唐人街探案》。陈思诚还说服王宝强放弃说了10年的"河北邢台普通话"，改说一口变了味的广东普通话，再配上高八度的声调，被观众笑称是"曾志伟上身"。

有观众说，从《唐人街探案》中看到了许多电影大师的影子。陈思诚也不讳言："我是一个影迷型导演，之前看过的经典作品必然对我有影响。但我没有刻意去模仿谁，或是向谁致敬。文化本身就是一种传承，在传承的基础上进行拓展。"

在这个人人迷信IP的年代，陈思诚想做的却是打造一个全新的IP。他计划把《唐人街探案》做成一个系列电影，尽管他自己也知道，这是一件不容易的事。

导戏比演戏精彩

就在《唐人街探案》上映后不久，微博的热搜上出现了"陈思诚，路转粉"的关键词，网友讨论超过4000万条。大家纷纷表示，这一次看到了一个不一样的陈思诚。连他多年的好友王宝强也说："他导戏比演戏精彩，他演戏永远是摆pose、耍帅，在监视器背后才释放出真正的才华。"

不论演戏还是导戏，满足的都是陈思诚强大的表达欲望。他从小就是个有文艺情结的人，唱歌、朗诵、主持样样精通。18岁时，考入上海戏剧学院，成长之路一帆风顺。但桀骜不驯的性格，加上年轻气盛，很快让他吃了大亏。因为一次打架事件，陈思诚被学校开除。两年后，他又以高分考入中央戏剧学院。

真正让陈思诚在影视圈崭露头角，是2006年。这一年，他接拍了电视剧《士兵突击》，饰演男二号——村长的儿子成才。与木讷、憨厚又执着的男一号许三多相比，这个目的性极强的角色并不讨喜。但好在陈思诚演绎得自然真实，将成才对成功的渴望，面对现实的纠结，以及最后的性格转变表现得淋漓尽致，甚至让观众觉得他是本色出演。

接下来的几年，陈思诚陆续接拍了多部影视剧作品，可惜都没引起多大反响。但作为演员，他的成熟和进步是明显的。2009年，他因主演电影《春风沉醉的夜晚》获第六十二届戛纳电影节最佳男演员提名；2011年，凭《守望者：罪恶迷途》中"周栋"一角获第三届英国万像国际华语电影节"优秀男配角奖"。士兵成才打在他身上的那个"又帅又土"的印迹已经淡去。

那时，他还不够红，但也因此得到了一段宝贵的沉淀蛰伏的日子。陈思诚潜下心进行剧本创作，准备自编自导自演电视剧《北京爱情故事》。剧中讲述了3个不同阶层的年轻人面对情感、物质诱惑和现实所做出的选择，他饰演一个放荡不羁的富二代。

2012年，《北京爱情故事》开播。某种程度上，整部剧更像是陈思诚对观众的独白，他在剧中分享自己成长过程中曾有过的各种想法、曾做过的白日梦、曾爱过的音乐，还有那些想做但没有做的事。《北京爱情故事》不仅为陈思诚带来了成功，也带来了他与女演员佟丽娅的缘分。

这一次的成功尝试，让陈思诚体验到了作为导演表达自我的快感。2014年，他执导了电影处女作《北京爱情故事》。虽然与电视剧同名，但他创作了一个全新的故事。他给出的理由是："我不喜欢做没有挑战的事。"同样挑战的还有电影的表现手法，陈思诚放弃单线叙事，将时间和空间结合，讲述了5对不同年龄段的人的爱情故事，"其实我是在讲一对人，一辈子的故事"。

初次想到这个创意时，他兴奋不已，觉得自己"太牛了"。但遗憾的是，大部分观众只把它看作是一部爱情串烧电影。虽然最终电影票房还不错，但在陈思诚看来，没能让观众理解他的表达，无法激起他人的共鸣，是一种"重伤"。

好在，他自称是一个自我愈合、修复能力很强的人，总结完一番经验教训，重整队伍，带着风格完全不同的《唐人街探案》再战江湖。"都说一个导演一辈子只拍一部电影，但也有一些优秀的导演一生没拍过重复的电影。比如库布里克、吕克·贝松。我更想成为这样的人。"

与"真人秀"保持距离

如今的陈思诚，不再迷恋别人监视器中的自己，更享受藏身幕后的乐趣。"认识自己是需要一个过程的。曾经我想当歌星，享受台下歌迷疯狂的尖叫，后来想当演员，当明星。直到现在我才发现，自己最想得到自我价值的实现。具体说就是将自己对世界的思考，在作品中展现出来。"

让思考被听见不难，被听懂却是需要付出一些心力的。在和记者的对话中，陈思诚最常说的一句话是："你明白我的意思吗？"他坦言，未来会减少演戏的数量："演员需要机遇，而我不愿意做一个被动等待的人。我相信肯定有一些角色我会演得很有光彩，可我要等到什么时候呢？电影对我来说是一个梦想，不一定非得我自己来演，有人能把它表现出来就好了。"

工作重心的转变，渐渐改变了陈思诚的心态。对于大多数明星在乎的曝光度，他有了新的体会："人生的至高境界是'娱己娱人'，那些所谓的曝光，不能让我快乐，为什么要做呢？我不是一个特别愿意抛头露面的人，最烦的就是走红毯和上晚会。不必为了娱人而愚己。去做那些让自己开心，也让别人开心的事，多好。"

他刻意与各种"真人秀"节目保持距离。在陈思诚看来，一直保持高热度，对创作者并不是一件好事。"电影就是展现放大镜下的生活，如果别人都在放大你、观察你，你怎么去放大这个世界，观察别的东西呢？我更愿意走在没人认识的路上，可以真正走进生活。永远活在镜头下，很难去创作和体验。"他坦言，导演这份工作，让自己更疲惫，更惊心动魄，更充满斗志，也可能更失望——总之是在所有的情绪前都再加个"更"字。

"那是否还会'更坚持'？"《环球人物》记者问道。陈思诚回答："我不知道自己的导演之路会走到哪一步，或许某天我想玩一个更刺激的事，也说不准。生命就是要不断探索未知的东西。"（文/张忆耕）

江一燕，"消失的"演员

江一燕，1983 年生于浙江绍兴。2007 年主演电视剧《我们无处安放的青春》，2015 年凭《四大名捕》获华鼎奖最佳女配角。2015 年举办个人摄影展，获美国国家地理摄影大赛"华夏典藏奖"。

《环球人物》记者见到江一燕，是在北京 798 艺术中心。傍晚，夕阳鎏金，不远还有展馆里传来的吉他弹奏。江一燕素面朝天，几颗雀斑是常年前往非洲和山区的"纪念品"。见到记者，她对身边的助理轻声说："给我一张吸油纸。"

"这些年你常演惊悚片、悬疑片、动作片，但看起来你本人和这些角色反差挺大。"记者说。

"我愿意去演一些性格很强烈的人，因为觉得生活很普通，在戏里刺激一点，这个工作对我来说才有意义。演戏不要做生活里的人。"

江一燕最近一次"不做生活里的人"，是在悬疑片《消失的凶手》中，饰演越狱女囚傅源，与刘青云饰演的警官斗智斗勇。这部片子是 3 年前香港电影金像奖得奖大户《消失的子弹》的续集，是编剧专门为当年与奖杯失之交臂的江一燕量身打造的。然而，11 月 27 日该片上映前，却因提前在网络点映遭受院线集体抵制，排片率一度为零。

辛苦完成的作品险遭搁浅，江一燕满腔不甘，在微博上发文号召"别让电影消失"，她说："每部电影有它自己的命运，但拍电影的人都是为此拼了命的。"

再也不想本色演出

初次见到江一燕的人，大概都会觉得她是个典型的江南女子。有段时间《天天向上》热衷于采访"各省美女"，提到浙江时贴出的标签是"美和才"，说那是自古盛产美女和才女的地方，走出了西施、林徽因，埋葬了苏小小、谢道韫。绍兴人江一燕是那一期的嘉宾，又唱歌又弹吉他，一集下来，江南女子的灵气铺满整个演播厅。

然而，江南女子并不好惹。前不久，江一燕接受一个网络媒体采访，主持人小心翼翼地追问她出了名隐晦的恋情，就好像面对一个易碎的瓷瓶。江一燕却毫不通融："公开恋情这种事儿，不是我的性格，将来也不会发生。"

一面是三春之桃的明媚，一面是九秋之菊的清素，想来，一个 15 岁就敢独自"北漂"学舞的女孩，内心必然要有某种强大。

这种强大表现在，她从不奢望躲在出色的外形里，做一个大众臆想中的清纯女孩。2007 年，她刚从北京电影学院毕业，碰到一部名叫《我们无处安放的青春》的电视剧。导演沈严是当时电视圈红人，靠一部《中国式离婚》声名大噪。他看到江一燕就把她定为女一号周蒙，一名对爱情充满美好想象的大学生。"其实我更想演女二号，还主动申请，因为那是一个非常叛逆的女孩。"而男主角陈道明认为江一燕的形象更适合女一号，最终，在导演和陈道明的坚持下，江一燕还是出演了周蒙。

《我们无处安放的青春》讲述了佟大为饰演的李然和三个女孩的爱情故事，描绘了年轻人面对现实和理想时的困惑与选择。江一燕的清纯外形让人眼前一亮，成功从当年的新人中突围。"但是，经过了那一次，我再也不想本色演出了。"

2011 年是江一燕彻底转型的一年。先是在话剧《七月与安生》中扮演颓废、漂泊的安生，又在《四大名捕》和《消失的子弹》中扮演蛇蝎美人。对于这种转型，有"粉丝"觉得浪费了她的形象，是"无处安放的清纯"，但江一燕并不觉得可惜，她说："我应该更丰富。"那一年，她还出演了陈冲导演的微电影《非典情人》，电影讲述了一段婚外情，江一燕的角色风情又孤傲。

"和女导演合作有种私密的感觉，能够讲很多秘密。因为是陈冲，所以我从来没去考虑尺度或者时间的问题。"电影中，江一燕一头短发，口罩遮住半张脸，眉宇间竟有当年陈冲演"小花"时的影子。

更相似的是眼神里散发出的野心，她和陈冲，都是那种外表如水，内心洋溢，从不肯把自己禁锢在当下的人。

想在非洲开旅店

江一燕儿时生活的绍兴，是一个一碟茴香豆、一壶花雕酒就能过一下午的小城，既悠然又文艺。她从小看的是乌篷船与越剧班子，听的是鲁迅、蔡元培、马寅初等大师的故事。

文艺青年江一燕从不掩饰自己对三毛的崇拜，那些关于流浪的故事，那些阴郁又自我的语言，是少女最不可拒绝的心灵桑拿。"我对于流浪，对于音乐，对于非洲的念想，大概都是从那个时候开始的。可以说，三毛就是我流浪的种子。"

种子渐渐萌芽，14岁的江一燕每天想的就是如何离开这座时光静止的小城。她想：这可是出了秋瑾的地方，我不能这么安生地过一辈子。一年后，她独自一人北上求学，在北京舞蹈学院附中学习音乐剧。"那时就开始早恋，和弦都没学完就写特别反叛的歌，唱摇滚，把老师都看傻了，想象不到那样的歌词会是从我的嘴里唱出来的。"那时候她的老师是歌手郝云，两人骨子里都叛逆，能说到一起。郝云听了她的作品，对她说："你应该继续坚持。"

"这个鼓励让我很受用，后来哪怕做了演员我也坚持写歌。"在话剧《七月与安生》里，江一燕自己创作了一首《爱情香烟》，艳惊四座。后来，郝云一见她面就问："写了多少歌了？"

她很骄傲地回答："好几本呢！"

成名不久，江一燕就背起行囊挎着单反去了非洲，完成少女时代的梦想。她对《环球人物》记者说："那种苍莽，无拘无束，天地间的宽广，会让人知道自己多渺小，烦恼多渺小。"从此之后，定期去非洲拍摄成了她的习惯。"如果哪天不拍戏了，我就去非洲开一家旅店，打开窗就可以看到大象的那种，那是我梦想的生活。"

她拍火山，烫得手起泡；拍草原，整天被巨大的蚊子包围；拍星空，被沙漠夜晚的寒风冻得瑟瑟发抖。"我拍东西不是技术派，而是从感觉上来。"一次，她看到一只小鸟停在斑马身上，四下无声，万籁俱静。"那时天特蓝，草原一片金色，特别和谐。"彼时，她衣服上沾满泥垢，内心却被擦拭得一尘不染。

这张照片入选了美国《国家地理》杂志，如今正挂在她的个人摄影展上。

不愿被过度消费

最近，江一燕因为支教被媒体大肆报道。8 年间，她每年都会去广西巴马县的小学支教，在那儿待上一段时间，给孩子们上课，陪他们过节。

2006 年，导演王浩一来找江一燕，请她去广西拍《宝贵的秘密》，"当时他还忽悠我，说那里风景特别好，去了肯定就美得不想走了"。江一燕一到那儿，才发现是一片穷乡僻壤，洗澡都成问题。

拍戏在一所简陋的小学，很多小孩都是走近两个小时的山路来上课的，还有一些学生，因为学校太偏、家里太穷辍学了。"当时有个小男孩，整天跟着我，一见面就笑呵呵的，看起来特别阳光。后来有村民跟我说，'小江老师，这个男孩很小就失去了父母，日子特别苦'。那一刻我特别难受，他这么小，就知道要把最乐观的一面传递给别人。"江一燕说着就哽咽了。

回到北京，她开始给那所小学寄物资，后来一次回去，学生们从天蒙蒙亮就开始等，有的还从别的山头连夜赶来。他们拉起横幅欢迎，用的还是 2014 年一块布的另一面。从此，江一燕每年都会来和孩子们同吃同住，挑选了很多志愿者、"粉丝"一起来支教。"那时觉得，物资对他们来说并不是最重要的，他们更需要真心的陪伴。"

当记者问道："为什么不请媒体过去做做宣传呢？"江一燕表现出了明显的抗拒和警惕。"都市里的人看多了复杂的人和事，能分清很多善恶，但山里的孩子不会。我希望能在他们成长的时候多留给他们一些纯净的东西，所以我会拒绝很多媒体，在挑选志愿者时也会严格把关。"

"其实我做艺人也是这种心态，有时想和媒体保持一点距离。现在艺人的私生活被过度消费了，这对艺人、对公众都不太好。请留给我们一点空间，网上说的事情你们别太当真。"她的语气，就像是一张拒绝进入的警戒令。

记者提醒她，这样的"铜墙铁壁"是走红的死穴，她表现得无所谓，说："我是个没有计划的人，很多东西越刻意越不可得，就像沙子，握得越紧流得越快。"

这种"无所谓"，也许正是内心强大、独善其身的一种智慧吧。（文 / 余驰疆）